Matthias Hüllen

Vokalismus des Alt- und Neu-Sizilianischen

Matthias Hüllen

Vokalismus des Alt- und Neu-Sizilianischen

ISBN/EAN: 9783743484986

Hergestellt in Europa, USA, Kanada, Australien, Japan

Cover: Foto ©Paul-Georg Meister /pixelio.de

Manufactured and distributed by brebook publishing software
(www.brebook.com)

Matthias Hüllen

Vokalismus des Alt- und Neu-Sizilianischen

In der folgenden Abhandlung werde ich den Voka-lismus der sicilianischen Dialekte klar zu legen versuchen, und zwar unter Zugrundelegung einer Anzahl von grösseren alt-sicil. und neu-sicil. Texten. Den zweiten Theil der Lautlehre, den Konsonantismus, sowie die Formenlehre (wozu ich ebenfalls bereits das Material gesammelt habe) beabsichtige ich später nachfolgen zu lassen.

Meiner Untersuchung sind die folgenden Texte zu Grunde gelegt:

C. Lu Libru Di La Conquesta Di Sicilia per manu di lu Conti Rugeri di Normandia,

Cr. Cronichi Di Quisto Regno Di Sichilia,

Crs. Cronica Siciliae Per Epitomata,

J. La Vinuta Di Lu Re Japicu A Catania Scritta Da Lu Patri Frati Atanasiu Di Jaci L'Annu MCCLXXXVII,

R. Lu Ribellamentu Di Sicilia Contra Re Carlu. (Diese 5 Texte sind abgedruckt in der „Collezione Di Opere Inedite O Rare Dei Primi Tre Secoli Della Lingua, Bologna, 1865"),

Pr. Quaedam profetia (abgedruckt in „Corrado Avolio: Introduzione Allo Studio Del Dialctto Siciliano, Noto, 1882" und schon früher im „Archivio Stor. Sic."),

V. Vita Beati Conradi (abgedruckt am Schlusse von Avolio's „Canti Popolari Di Noto"),

F. Fragmentum Siculae Historiae Ab Anno MCCLXXXVII usque ad MCCCCXXXIV. Auctore Anonymo. (Muratori „Rerum Italicarum Scriptores", tom. XXIV., p. 1089—1100),

B. Sic. Urkunden (nach einer Photographie in Böhmer's „Roman. Studien", III. Band),

Arch. Archivio Storico Siciliano: Anno I. (p. 92—93, p.

1

2

94—102), Anno III. (p. 313—320, 430—444), Anno IV.
(p. 351—359), Anno VI. (p. 113—129: „Cronaca di
Antonio Merlino": sie umfasst die Jahre 1515 und 1516),
Ri. Canzoniere In Volgar Siciliano, Ovvero Rime Scelte
Di Varj Illustri Poeti Siciliani, Che Scrissero Nel Comun
Volgare Di Sicilia Nel MD E MDC. Tomus I. Tomus II.
(der Titel ist nicht der Wirklichkeit entsprechend, da
nur die Gedichte, welche sich im 2. Bande, und zwar
p. 233—620 finden, in dem sicilian. Dialekte geschrie-
ben sind),
Fa. Filologia E Letteratura Siciliana, Studii Di Vincenzo
Di Giovanni. Parte Prima. Palermo, L. Pedone Lauriel
Editore. 1871. (p. 109—120, 128—130, 131—138, 139,
140—142, 143—146, 146—152, 153—158, 238—241,
256—259, 263—269),
Fb. Filologia E Letteratura Siciliana, Nuovi Studi Di
Vincenzo Di Giovanni. Vol. III. Palermo, 1879 (p.
54—58, 59—63, 91—110). (Der 2. Band der „Filologia
E Letteratura Siciliana" enthält keine sicilian. Texte),
S. Storie Popolari In Poesia Siciliana Riprodotte Sulle
Stampe De' Secoli XVI, XVII E XVIII Da Salvatore
Salomone-Marino. Bologna, 1875,
A. Canti Popolari Di Noto, Studii E Raccolta Di Corrado
Avolio. Noto, 1875,
P. a. Giuseppe Pitrè: Canti Popolari Siciliani. Volume
Primo, Palermo, 1870; Volume Secondo, Palermo, 1871,
P. b. Giuseppe Pitrè: Fiabe, Novelle E Racconti Popolari
Siciliani. Vol. I., II., III., IV., Palermo, 1875,
P. c. Giuseppe Pitrè: Proverbi Siciliani. Vol. I., II., III.,
IV., Palermo, 1880 (dieses letztere Werk, welches die
Sprüchwörter der Sicilianer enthält, ist für die Bestim-
mung der verschiedenen Dialekte der Insel nicht von
grosser Bedeutung, da nur selten und ganz verein-
zelt angegeben ist, welchem Orte der Verfasser das
betreffende Sprüchwort entnommen hat).

3

Mit den vorgesetzten Buchstaben werde ich in der Abhandlung die Werke, so oft ich dieses für nothwendig halte, anführen; im Allgemeinen werde ich die betreffende Stelle nur angeben, falls eine aufgestellte Regel oder eine Ausnahme von einer früher von mir gegebenen Regel nicht für die ganze Insel Geltung hat oder falls ein Wort, welches zum Belege angeführt wird, sich nur selten oder sogar ganz vereinzelt findet.

Was das Alter der einzelnen oben angeführten Texte angeht, so lässt sich dieses bei verschiedenen zwar nicht mit absoluter Sicherheit bestimmen; es dürfte jedoch wahrscheinlich sein, dass die acht ersten Texte dem Ende des 13. Jahrhunderts, dem 14. Jahrhunderte und der ersten Hülfte des 15. Jahrhunderts angehören. Bezüglich des Alters der „Sic. Urkunden" v. Böhmer's „Roman. Studien", III. Band. Die in dem Arch. St. Sic. sich findenden Texte fallen in das 15. und 16. Jahrhundert. In den Anfang des 16. Jahrhunderts dürfte sodann vielleicht das Canzoniere zu setzen sein. Der erste Band von Giovanni's „Filologia E Letteratura Siciliana" soll Texte aus dem 13., 14., 15. und 18. Jahrhunderte enthalten, während die in dem 3. Bande abgedruckten Texte sämmtlich dem 14. Jahrhunderte angehören.

Schliesslich sei noch bemerkt, dass, als die Inaugural-Dissertation von Eugène Pariselle erschien, diese meine Arbeit bereits druckfertig vorlag. Eugène Pariselle, dessen Abhandlung den Titel führt „Ueber die Sprachformen der ältesten Sicilianischen Chroniken" und in Halle 1883 erschienen ist, hat seine Untersuchungen beschränkt auf zwei der von mir benutzten Texte, nämlich auf C. und R.

bleibt unter dem Tone sowohl in offener als in geschlossener Silbe fast ausnahmslos unangetastet, so dass es wohl überflüssig erscheinen dürfte, Beispiele zum Belege anzuführen. Besondere Erwähnung mögen jedoch finden die beiden Suffixe „arium" und „aticum".

a) Das Suffix „arium" wurde bekanntlich sehr frühe durch das nachfolgende im Hiatus stehende „i" in „ęrium" verwandelt, so dass die grosse Mehrzahl der ursprünglich mit dem Suffixe „arium" gebildeten Wörter im Romanischen dieselbe Behandlung erfahren mussten wie die wenigen, welche von Haus aus mit dem Suffixe „ęrium" zusammengesetzt waren. Dass nun aber eine kleine Anzahl von volksthümlichen Wörtern sich diesem Uebergange zu „ęrium" entzogen, ist von vornherein zu erwarten und kann darum nicht auffallend erscheinen. Und so erklären sich denn im Sicilianischen Wörter, wie: jinnaru, frivaru, dinari, furnaru, craparu („capra" + „arium") und einige andere. Zu diesen letzteren gerieth durch Suffix-Vertauschung das Subst. „lu cuddaru" (P. a. II. 6, 7), und in Folge von einer weiteren Suffix-Vertauschung findet sich sodann in den Mundarten von Palermo, Polizzi und Resuttano „la gulera" (P. a. I. 186, II. 323, b. I. 374).

b) In den älteren Texten (C., Cr., R., V.) findet das Suffix „aticum" seine Darstellung bald durch „aju" („aiu"), bald durch „agiu" („agio"); da wir in demselben Texte ein und dasselbe Wort bald mit jener, bald mit dieser Endung finden, so folgt mit Nothwendigkeit, dass die Aussprache dieselbe gewesen sein muss. Im Nsic.

findet sich regelmässig „aggiu", z. B.: curaggiu, dammàggiu, furmaggiu, lignaggiu, passaggiu, ultraggiu, vassallaggiu (P. c. I. 105), viaggiu.

1. Zusatz. Eine Ausnahme bildet das unbestimmte Pronomen „corchi", welches sich in dieser Form im Nsic. belegt findet für Etna (P. b. IV. 164), Acireale (P. b. II. 286), Noto (P. b. III. 338), Màngano (P. b. I. 259) und Erice (P. b. II. 382).

Wahrscheinlich hat nicht das sekundäre „r", sondern das unmittelbar vorausgehende „u", indem es sonst noch heute immer „qualchi" oder „quarchi" lautet, diesen Wandel des betonten Vokales hervorgerufen. Dass sich in Noto daneben noch „ncorchi" (A) findet, wird in der Konsonantenlehre eingehender erwähnt werden.

2. Zusatz. In einer ziemlich grossen Anzahl von nsic. Texten (Palermo, Termini-Imerese, Vallelunga, Casteltermini, Rocca Valdina u. s. w.) findet sich für die 1. sg. prs. ind. des Hülfszeitwortes „haben" die Form „hêju" („eju" und „he"): der Vokal „e" findet seine volle Erklärung durch das im Lat. in der nachtonigen Silbe im Hiatus stehende „i". Auffallend ist nur, dass wohl in allen hierher gehörenden Texten sich neben jener Form auch die sonst überhaupt gewöhnliche Form mit „a" („haju" „aju") findet.

3. Zusatz. Der Dialekt von Vallelunga zeigt die Eigenthümlichkeit, den betonten Vokal „a" (sowohl in offener als in geschlossener Silbe), falls demselben eine Gutturalis unmittelbar vorausgeht, in „ua" zu verwandeln, z. B.: curcuàri (lt. „collocare") (P. b. I. 137), curcuà' (P. b. I. 137), lu cuani (P. b. I. 183, 184), lu guaddu (lt. „gallum") (P. b. I. 184, 185).

Dass einzig und allein die vorausgehende Gutturalis dieses „u" entwickelt hat, bedarf wohl kaum der Erwähnung.

Ein einziges Mal zeigt auch ein Text aus S. Cataldo „ua" im Inf. in betonter offener Silbe; es ist der Inf. „purtuari" (P. b. III. 335); höchst wahrscheinlich dürfte diese Form jedoch verdruckt sein für „puartari", die nämlich ebenfalls in demselben Texte belegt ist. Ausserdem habe ich für S. Cataldo

belegt gefunden die beiden Formen „quoantu" (= „quantu":
P. a. I. 203) und „gruan" (= „gran": P. a. I. 203): vielleicht hat in dem ersten Falle das vorausgehende „u" und in
dem zweiten Falle das vorausgehende „r" diesen Wandel hervorgerufen.

Anmerkung. Keine Ausnahme bildet das Wort „parola"
(„palora"), da hier der Vokal „o" sich aus einem sekundären „au"
regelrecht entwickelt hat, indem die Römer, während sie noch
„fabula" und „tabula" sprachen, bereits „paravla" oder sogar schon
„paraula" gesprochen haben müssen; desgleichen ist auf sekundäres
„au" zurückzuführen das asic. „clovu", nsic. „chiovu" (in Noto
„ciovu"), welches sich auch mit Diphthongirung findet („chiuovu":
Casteltermini: P. 6. III. 315).

Schliesslich glaube ich noch bemerken zu müssen, dass ich
für einen Wandel von betontem „a" zu „e", welcher bei *Wentrup*
(„Beiträge zur Kenntniss des sicilianischen Dialektes"
im Programm der Klosterschule „Rossleben", Halle 1880) erwähnt
wird, keine Beispiele gefunden habe. *W.* behauptet, dieser Vokalwechsel finde sich in Noto und Novara. Für die erstere Stadt,
aus deren Mundart mir sehr viele Texte vorlagen, habe ich besagten
Vokalwechsel nicht belegt gefunden. *W.* bezieht sich dafür auf
„Avolio: Canti popolari di Noto": zweifelsohne hat sich *W.* hier
irreführen lassen durch das den „Canti" vorausgeschickte Glossar, in
welchem sich das auch von *W.* angeführte Adi. „greu" findet, während dasselbe meines Wissens, so oft es in den „Canti" vorkommt,
immer mit „a" erscheint. Für Novara standen mir trotz meines
reichen Materiales, welches die Mundarten von ungefähr 70 Städten
umfasste, leider keine Texte zu Gebote. *W.* beruft sich dabei auf
Pitrò, während dieser selbst einen Wandel von betontem „a" zu
„e" nur für das Suffix „arius" hervorhebt (P. b. I. CLV „Con-
tributo allo studio del dialetto siciliano"). Da diese Abhandlung
Pitrè's jedoch bereits 1875 veröffentlicht wurde, so wäre immerhin
die Möglichkeit nicht ausgeschlossen, dass dem Verfasser damals der
Dialekt von Novara noch nicht hinlänglich bekannt gewesen wäre.
Leider sind aber die Angaben Wentrup's auch sonst in vielen
Punkten vollständig falsch, so dass ich nicht umhin kann, auch diese
unter betontem „a" von ihm gegebene Regel so lange anzuzweifeln,
bis ich durch Texte von der Richtigkeit derselben mich überzeu-
gen kann.

Der unbetonte Vokal „a".

Ausserhalb der Tonsilbe bleibt der Vokal „a" gewöhnlich intakt; nur eine kleine Anzahl von Fällen (die zudem meistens nicht einmal gemein-sicilianisch sind) ist zu verzeichnen, wo eine Umwandlung eingetreten ist.

A) Vortoniges „a" wird

1) zu „e" in: conseguinitati (C. 29), Serachinu (ein paar Mal neben der gewöhnlicheren Form mit „a"),

2) zu „i":

a) in dem Fut. und Cond. der Zeitwörter der A-Conj. z. B.: vingirànu (3. pl. fut.: C. 28), paghirrianu (3. pl. Cond.: Fa. 406) (nur 2 Ausnahmen habe ich gefunden: „a" ist nämlich erhalten Fa. 152 und S. 59),

b) ferner in Jinnaru und Rivonna (C. 60), prilari (Infin.: F. 1095),

3) zu „o" in: notari (lt. „natare") (C. 12; mit „o" findet sich dieser Inf. jedoch nur hier, während er sonst in allen Texten mit „a" erscheint), soddisfari und domanti (Einfluss von „m") (neben „diomanti" und „damanti"),

4) zu „u" vor folgendem „l" in: gulera, Rusulia (P. a. I. 362), pulazzu (P. b. IV. 240), vor sekundärem „n" in: uncunu (P. a. I. 187), vor „m" in: fumusi (P. a. II. 168), und endlich nach „p" in: li putruna (P. a. II. 478 u. s. w.),

5) zu „ay", resp. „ai" in einem einzigen Worte, nämlich in: maynera (Arch. III. 431, 432), maineri (Fa. 116) (zweifelsohne hat das folgende „n" dieses „i" entwickelt); eine ganz besondere Aufmerksamkeit verdient endlich

6) das vortonige „a" in dem Dialekte von S. Cataldo, wo es zu „uo" geworden ist in den beiden Subst.: truomuntana (P. a. I. 202) und puoradisu (P. a. I. 203), zu „ua" in: scuarparu (P. b. III. 333, 334, 335), cuapitali (P. b. III. 333), pualazzu (P. b. III. 333, 336) und muanciàssiru (P. b. III. 335): „uo" repräsentirt offenbar eine ältere Lautstufe als „ua", indem der Weg der Verwand-

lung sicherlich der gewesen sein muss, dass „a" zuerst zu
„o" verdumpfte, letzteres darauf zu „uo" wurde, woraus
sich endlich „ua" entwickelte.

B) Nachtoniges „a" ist

1) zu „i" geworden:

a) in „stòmicu" (in Noto: A. 298, 305, ferner in Termini-Imerese: P. b. II. 392),

b) vor folgendem „n" in dem Praes. und Impf. Ind·
der Zeitwörter der A-Conj. sowie auch in dem Impf.
der übrigen Verben, falls dasselbe mit der Endung „eva" gebildet ist: diesen Vorgang finden wir in Etna, Acireale,
Buccheri und Mangano, z. B.: dùninu (P. b. II. 125),
tìrinu (P. b. I. 343, 343), abballàvinu (P. b. II. 127), abitā-
vinu (P. b. II. 286), chiamàvinu (P. b. II. 323), dàvinu
(P. b. II. 125), mangiàvinu (P. b. II. 127, 283), pigghià-
vinu (P. b. II. 127), prijàvinu (P. b. II. 126), purtàvinu
(P. b. I. 257), sanàvinu (P. b. I. 347), stàvinu (P. b. IV.
175), cridèvinu (P. b. II. 323), vidèvinu (P. b. I. 255),
vulèvinu (P. b. I. 252, 258), avèvinu (P. b. II. 287, 323),
èrinu (P. b. I. 252, 260; II. 283; IV. 164);

2) zu „u":

a) in „stomucu" (Noto: P. b. I. 105),

b) vor folgendem „m", „n" und „v" in dem Praes. und
Impf. der Zeitwörter der A-Conj. und in dem Impf. der
übrigen Zeitwörter, wofern bei letzteren dasselbe auf die
Endung „eva" ausgeht; jedoch findet sich dieser Wandel
zu „u" nur in Noto, z. B.: addivèntunu (A. 280), amunu
(A. 158, 168, 239), arrivunu (A. 187), cantunu (A. 164),
jèttunu (A. 288), pàssunu (A. 186, 277), rùnunu (A. 235),
sànunu (A. 267), spiunu (A. 235), trovunu (A. 177), amàumu
(A. 239), arriparàvumu (A. 254), dàvunu (P. b. I. 32), cam-
pavunu (P. b. I. 100), filavunu (P. b. II. 85), guardàvunu
(P. b. I. 300), jucàvunu (P. b. I. 103), tiràvunu (A. 287),
avèumu (A. 273), èrumu (A. 299), eruvu (A. 165), èrunu
(A. 233, 288), avièvunu (P. b. I. 301), durmievunu (P. b. I. 300),

facievunu (P. b. III. 339), jèvunu (P. b. I. 104), sa-
pièvnnu (P. b. I. 103), tinièvunu (P. b. II. 99), vivèunu
(A. 258) und vulièvunu (P. b. I. 104).

Prothese von „a".

Diese ist eingetreten in:
1) agenti (in Noto „agghienti": A. 122, 163),
2) aitati (P. b. II. 153, 341 u. s. w.),
3) abbìli (= ital. „bile": P. b. III. 225) und in dem Adi.
4) aruci (A. 269).

Dieses „a", welches sich auch in einer Anzahl von
Verbalformen vorgesetzt findet, geht zurück auf die lat.
Praeposition „ad", indem die vorhin angegebenen Wörter
zurückzuführen sind auf: „ad-gentem", „ad-aetatem", „ad-
bilem", „ad-dulcem".

Vlg. lt. ę (kl. lt. ŏ).

Auf Grund der sehr grossen Ausbreitung der Diphthongirung von „ę" in offener Silbe nehmen einige Roma-
nisten an, dass dieselbe bereits auf römischem Boden vor
sich gegangen sei. Wenn dies auch nur eine Hypothese
ist, für deren Richtigkeit ein sicherer Beweis bis jetzt noch
nicht erbracht werden konnte, so steht doch jedenfalls fest,
dass die Diphthongirung von „ę" in offener Silbe die älteste
ist von allen Diphthongirungen, die überhaupt eingetreten
sind. — Die Diphthongirung von „ę" in offener Silbe findet sich fast auf dem ganzen romanischen Sprachgebiete;
denn nur zwei und zwar verhältnissmässig kleine Gebiete
haben sich noch bis zur Stunde der Diphthongirung von „ę"
in offener Silbe zu entziehen gewusst: es sind diese beiden Gebiete Portugal und der grössere Theil der
Insel Sicilien. Die älteren sicilianischen Texte kennen
überhaupt gar keine Diphthongirung — und wenn auch hier
und dort ein Wort in diphthongirter Form auftritt (es ist
u. a. zuweilen der Fall bei dem Suffixe „iólum"), so
ist dieses wohl auf Kosten des Copisten zu setzen. Auf

derselben Vokalstufe stehen noch heute beinahe die ganze grosse Ostküste, die ganze Westküste, fast die ganze Nordküste und wahrscheinlich auch beinahe die ganze Südküste, so dass noch heute z. B. der Vokalismus eines Textes aus Palermo ganz genau übereinstimmt mit dem eines der ältesten Denkmäler (anders steht es allerdings mit dem Konsonantismus). Dagegen zeigen die neu-sic. Texte, welche den Gebieten von Noto, Modica, Ragusa, Buccheri, San Cataldo, Casteltermini, Vallelunga, Resuttano, Alimena, Caltavuturo, Geraci, Castelbuono, Mistretta und Cerda angehören, Diphthongirung, und zwar sowohl in geschlossener als in offener Silbe.[1]) In so weit also auf der Insel die Diphthongirung überhaupt eingetreten ist, steht sie somit ganz und gar auf derselben Stufe, welche das Spanische und die Patois des Ostens von Frankreich einnehmen — mit dem Spanischen hat das Sicilianische ausserdem noch einige grammatische Eigenthümlichkeiten gemeinsam, worauf später des Näheren hinzuweisen sein wird —. Ausser den oben erwähnten Gebieten ist nur noch ein Ort anzuführen, wo die Diphthongirung sich ganz selbstständig entwickelt hat, welchem Umstande es auch zuzuschreiben sein wird, dass sie dort in gewissen Punkten noch weiter vorgeschritten ist als die der anderen Gebiete: es ist dieses das Gebiet von Capaci. — Man würde jedoch sehr irren, wenn man glaubte, dass die Texte, welche den oben erwähnten Gebieten angehören, „ę" und „ǫ" immer diphthongirt zeigten. Ohne jegliches Gesetz findet man bald „ie", bald „ę", ebenso bald „uo", bald „ǫ", und zwar zeigt sich dieser Vorgang unzählige Mal in einem und demselben Texte, oft sogar bei einem und demselben Worte, so dass

---

[1]) Dass sich auch in den angrenzenden Gebieten vereinzelte Spuren der Diphthongirung zeigen, ist ganz natürlich.

sich dem Leser die Ansicht aufdrängen muss, er habe es mit einem Grenz-Dialekte zu thun, glaubend, dass er endlich einmal an ein Gebiet kommen müsse, von welchem die Diphthongirung ihren Ausgang genommen habe und in welchem in Folge dessen die nicht diphthongirten Formen ausgeschlossen seien. Jedoch ein solcher Ausgangspunkt ist nicht zu finden. Hierfür findet man eine ziemlich genügende Erklärung, wenn man einen Blick auf eine Karte der Insel wirft. Die Diphthongirung zieht sich vom Südosten der Insel durch den mittleren Theil derselben bis in die Nähe der Nordküste (ausserdem findet sie sich, wie oben angemerkt, nur noch in Capaci). Da nun von Osten sowohl wie von Westen die nicht diphthongirten Formen sich in den mittleren Theil der Insel einzudrängen suchen, so muss man es ganz natürlich finden, wenn sich in der Mitte, wo die Diphthongirung eingetreten ist, gewissermassen eine Misch-Sprache von diphthongirten und nicht diphthongirten Wörtern zeigt. Das entgegengesetzte Resultat müsste sogar auffallend und befremdend erscheinen.

Bevor ich nun auf die Behandlung von „ę“ näher eingehe, glaube ich noch in Kürze auf eine Anmerkung hinweisen zu müssen, welche sich in der von mir bereits angeführten Abhandlung von Wentrup findet. Er sagt nämlich: „Bemerkenswerth ist in diesem Dialekte (von Modica) die wechselnde Diphthongisierung in der Declination und Conjugation zum Unterschiede zwischen sg. und pl., masc. und fem., zwischen 2. u. 3. prs. sg. u. s. w., wie an der Meeresküste von Cefalù bis Catania: sg. vientu, pl. venta (venti), sg. piettu, pl. petta (pectora), sg. peri (pedem), pl. pieri, dagegen sg. cavaleri, pl. cavalieri, masc. picurieddu, fem. picuredda, masc. vitieddu, fem. vitedda, masc. carusieddu (ragazzino), fem. carusedda; in der Conj. sienti (sentis), senti (sentit), vieni (venis), veni (venit).“

Darauf ist zu erwidern, dass an der Meeresküste von Cefalù bis Catania (ausgenommen in den paar Gebie-

ten, welche etwas südöstlich von Cefalù liegen) überhaupt
gar keine Diphthongirung eingetreten ist. Was Modica,
wo W. diesen Wechsel der Diphthongirung auch für „ǫ‘,
entdeckt haben will, anlangt, so standen mir leider nur
einige wenige Sprüchwörter von dort zu Gebote; ich glaube
jedoch, dass die wenigen sich hier findenden Beispiele hin-
reichen, um seine Ansicht zu widerlegen. Ich habe nämlich belegt gefunden: „ventu“ (P. c. III. 71) und „vientu“
(P. c. III. 165), „vôi“ (2. sg. prs.: P. c. II. 445) und „vo‘“
(3. sg. prs.: P. c. II. 75), ferner „l'omu“ (P. c. IV. 111)
und „l'uomu“ (P. c. II. 305) sowie „uomini“ (P. c. III. 165).
Bei der Behandlung von „ę“ und „ǫ“ wird immer
streng zu scheiden sein zwischen dem Alt-Sicil. und dem
Neu-Sicil., soweit letzteres nicht diphthongirt hat, einerseits
und dem Neu-Sicil., insofern in demselben die Diphthongirung eingetreten ist, andererseits: die beiden ersten werde
ich unter α) zusammenfassen, während ich das letzte mit
β) bezeichnen werde. Ferner wird hinsichtlich der geschlossenen Silbe die bereits im Lat. geschlossene Silbe zu
trennen sein von jener, welche erst im Sicil. (sei es durch
Assimilation, sei es durch Verdoppelung oder Einschiebung
eines Konsonanten) zu einer geschlossenen geworden ist.

I. Betontes „ę“ in offener Silbe

α) bleibt unverändert: allegru, arreri und arretu,
beni, crèsia (lt. „ecclęsiam“) (Capaci), deci, feli, meli, faretra,
feru, frevi (Umstellung von „r“), integru, imperiu, jédira (lt.
„hęderam“), levi, medicu, peju (peiu, peyu: in den älteren
Texten geht die Schreibung mit „i“ („j“) und „y“
ganz bunt durch einander), peri (lt. „pędem“: über
den Wandel von „d“ zu „r“ im Nsicil. ist in der Konsonantenlehre zu handeln), petra, Petru, pecuri (pl.), rimediu,
sei (lt. sex); ebenso in den Verbalformen: desi und desinu
(pf. von „geben“), diveta (3. sg. prs.), pregu, sedi (3. sg.
prs.), teni (2. und 3. sg. prs.), veni (2. und 3. sg. prs.),

vèninu (3. pl. prs.), desgleichen in den Infin. mit zurückgezogenem Accente: sèdiri, tèniri, vèniri[1]); ferner in der
kleinen Anzahl von Wörtern, die im Lat. mit dem Suffixe
„ęrium" gebildet waren, wie: cimitèriu, mistèriu, munasteriu
(und munasteru), und zu diesen letzteren kommen sodann
noch die zahlreichen Wörter, die zwar ursprünglich mit
dem Suffixe „arium" zusammengesetzt waren, aber durch
Vokal-Erhöhung sehr früh zu „ęrium" übergingen, wie:
arginteri, avirseriu, balistreri, cammareri (fem. „-era"),
cannileri, carnèra (ital. „carnajo"), carzareri, cavaleri, cun-
siglieri, curreri, elimosineri, furasteri, manera, misseri,
pinseri, primero, purtèra, Rugeri, scuderi, varveri (ital.
„barbiere"),

β) wird zum Diphthong „ie": arrieri (P. b. II.
207), bieni (Casteltermini: P. c. IV. 250, Capaci: P. b. II.
278, III. 4), criesa (Noto: P. a. II. 177), fièru, fiera (P. b.
I. 134, II. 122), Ghièsu (nur für Resuttano belegt: P. b.
III. 286, 287), liepru (P. a. II. 471) und liepri (pl.: P. b.
II. 274), mièdicu (P. b. II. 99), piecuri (pl.: P. b. II. 197),
piedi (und pieri) (P. b. I. 142), pietra (P. b. II. 276, IV.
103), Pietru (P. b. III. 60), rimiediu (P. b. IV. 226), sodann in Verbalformen: mieritu (1. sg. prs.) (P. a. II. 459),
divieta (3. sg. prs.), lievu (1. sg.) (P. b. III. 338), lievi
(2. sg.) (P. a. I. 274), priegu (1. sg. prs.) (P. b. I. 143),
vieni (2. und 3. sg. prs.) (P. b. III. 83, I. 299), vièninu
(3. pl. prs.) (P. a. II. 366), vièniri (Inf.) (P. b. III. 1), tieni
(2. und 3. sg. prs.) (P. a. II. 88, I. 274), ferner (jedoch
nur für Capaci belegt) in: mieu (lt. „męum": P. b. II.
273, III. 3, 4, 5, 93) und iera (lt. „ęrat": P. b. III. 4, 92),
endlich in dem Suffixe „ęrium": argintieri (P. b. II. 204,
206), cammarieri (P. b. IV. 238), cavalieri (P. b. II. 127),

---

[1]) Diese Betonung der zuletzt angeführten Infinitive ist in
den sicilian. Texten unzählige Mal ausdrücklich angegeben.

currieri (P. b. I. 81), custrïeri (P. b. I. 400), missaggieri
(P. b. I. 86), pinsieru (P. b. I. 32, 33, 102), pinsieri (P.
a. I. 335), purtiera (P. b. III. 93) und vulintieri (P. a. II. 13).

1. **Zusatz.** Schon die ältesten Texte haben neben „Deu"
und „reu" die Formen „Diu" („Dio") und „riu": die Erklärung dieser letzteren Formen macht keine Schwierigkeit, indem die Vokal-Erhöhung durch den Hiatus hervorgerufen
worden ist. — Ebenso zeigen sich in den ältesten Denkmälern
neben „eu" und „meu" bereits die Formen „iu" („io") und
„miu" („mio"), welche ebenso zu erklären sind. Auf die übrigen ziemlich zahlreichen Formen dieser beiden Pronomina wird
in der Formenlehre näher einzugehen sein. — Man hüte sich,
bei diesen 4 Wörtern die Formen mit „e" als aus dem Lat.
direkt entlehnte zu erklären: wir haben es hier vielmehr mit
regelrechten Doppelformen zu thun, welche sich durch alle
Jahrhunderte hindurch ziehen.

2. **Zusatz.** Schwierigkeit machen die beiden für Resuttano belegten Formen: arría (Adv.: P. b. III. 39, 287, 288)
und darria (prps.: P. a. II. 352, 470 u. s. w.): geht man
auch von der im Sicil. belegten Form „arretu" aus und nimmt
alsdann den Ausfall der Dentalis an (eine Annahme, die wohl
nicht leicht zu begründen wäre), so ergibt sich die Form
„arreu", in welcher letzteren freilich das im Hiatus stehende
„e" zu „i" erhöht werden könnte: auf diese Weise würde man
aber erst zu einer Form „arríu" kommen.

3. **Zusatz.** In dem Worte „nivula" („níula") hat das
in der nachtonigen Silbe folgende „u" den Umlaut bewirkt,
womit ja auch das prov. „nible" und das altfranz. „niule"
übereinstimmen. — In „Traina: Nuovo Vocabolario Sici-
liano-Italiano, Palermo 1868" ist bei dem Worte „nivula"
angemerkt, dass sich diese Form mit „i" in S. Cataldo finde:
diese Angabe ist zwar nicht unrichtig, jedoch nicht vollständig:
genannte Form ist nämlich auch für Resuttano (P. a. II. 232)
und für Noto (A. 199 u. s. w.) belegt.

II. Betontes „ę" in lat. geschlossener Silbe

α) bleibt unangetastet: appressu, cerva, centu, certu, cilestri (Einschiebung von „r"), cuntenti, denti, erva, ferru, festa, genti (und agenti), infernu, nenti, parenti, servu, sestu (lt. „sextum"), setti (lt. „septem"), sirpenti, tempu, terra, testa, ventu, vermi (und vermu), versu, vèspiru (gewöhnlicher vèspiri), argentu, bastimentu, cummentu (über den Wandel von „nv" zu „mm" v. Konsonantenlehre), cumplimentu, furmentu (Umstellung von „r"), jumenti (pl.), lamentu, pensamentu, Saramentu, tistamentu, turmentu, vistimentu, astinenza, cuscenza, partenza, pinitenza, putenza, prudenza, pruvidenza, sintenza, viulenza, ferner in den Inf. mit zurückgezogenem Accente: nèsciri, pèrdiri, sèntiri (1. sg. prs. sentu), sèrviri, vèstiri, sodann in dem Gerundium aller nicht unter die A-Conjug. fallenden Zeitwörter (asic. = „endu", nsic. = „ennu"), endlich in der Gruppe „ę" + „l" + „C": aceddu (über den Wandel von „ll" zu „dd" im Nsic. v. Konsonantenlehre), agneddu, aneddu, armaleddu und armaledda (lt. „animal" + Suff.), bellu (und beddu), cappeddu, casteddu, curiceddu (lt. „cor" + Suff.), cuteddu, ermu (über den ganz gewöhnlichen Wandel von „l" zu „r" im Nsic. v. Konsonantenlehre), fratellu, jiteddu (lt. „digitum" + Suff.), marteddu, mumentu, orfaneddu (P. a. I. 327), pelli, puvureddu, surdateddu, sagristaneddu, ussiceddu (lt. „ęssum" + Suff., „ossicellum"), viteddu (P. a. I. 333),

β) diphthongirt zu „ie": appriessu (P. b. III. 39, 291, 292), ciertu, cierta (P. b. IV. 238, II. 274), cuntienti (P. b. I. 367), dienti (P. b. I. 393, 393), ducientu (P. a. II. 184), fierru (P. b. I. 144), fiesta (P. b. II. 278), gienti (P. b. II. 312), lientu (P. b. I. 105, II. 96), ierva (lt. „herbam") (P. b. III. 2, 2), 'nfiernu (P. a. II. 182) und 'mbiernu (lt.

„infernum")[1]) (P. b. III. 61, 62), miercuri (P. b. II. 95, 96),
'nnuccienti (P. a. II. 177, 182), nienti (P. b. I. 202), 'nviernu
(P. a. II. 472), parienti (P. a. II. 177), siestu (lt. „sextum")
(P. b. II. 86), sirpienti (P. b. II. 87), tiempu (P. b. II. 310,
311), tierra (P. b. II. 310, 311), tiesta (P. b. II. 281), tim-
piesta (P. b. II. 310), vientu (P. b. I. 104, 104), viersu
(prps.) (P. b. III. 263), vièstia (lt. „bestiam") (P. b. III.
1, 2 u. s. w.), argientu (P. b. II. 275), bastimientu (P. b.
II. 309, 310, 311), cangiamientu (P. b. I. 101), casamientu
(P. b. I. 102), cummientu[2]) (P. b. III. 263, 264), cumpli-
mientu und cumprimientu (P. b. II. 312, IV. 5), divirti-
mientu (P. b. III. 292), frumientu (P. b. II. 280), giuramientu
(P. b. IV. 5, 5), jimienti (pl.) (P. b. II. 277), lamientu (P.
b. I. 203), mumientu (P. b. III. 3), tistamientu (P. b. I. 298,
298), tradimientu (P. b. I. 105), Vicienzu (P. b. III. 1, 1),
voscienza (P. b. III. 338), desgleichen beim Zeitworte.
sientu und cunsientu (1. sg. prs.) (P. a. II. 394, 395), sienti
(2. sg. prs.) (P. a. II. 432), sientinu (3. pl. prs.) (P. a. I.
272), siervi (3. sg. prs.) (P. b. II. 202), siervinu (3. pl. prs.)
(P. b. III. 287), avviertu (1. sg. prs.) (P. b. I. 142), divièr-
tiri (Inf.)(P. b. II. 307), nièsciri und rinièsciri(Inf.) (P. b. III. 4,
5, II. 277), niesci (3. sg. prs.) (P. b. II 273, III. 61), pierdi (2. sg.
prs.) (P. b. II. 313, 315), piersimu (1. pl. pf.) (P. b. II. 203),
pièrsiru (3. pl. pf.) (P. b. IV. 74), mi viestu (P. b. III. 118),
selbstredend auch in dem Gerundium aller nicht zur
A-Conjug. gehörenden Zeitwörter: hier findet sich allerdings neben „iennu" auch sehr oft „ennu", ja bisweilen
zeigt sogar in einem und demselben Texte ein und dasselbe Zeitwort in dem Gerundium bald die diphthongirte,
bald die nicht diphthongirte Form, endlich in dem Suffixe „çllum": acieddu (P. a. II. 13, 15), anieddu (P. b. I.

---

[1]) Ueber diesen Wandel von „nf" zu „mb" v. Konsonantismus.
[2]) Bezüglich des Wandels von „nv" zu „mm" v. Konsonantenlehre.

393), bieddu, biedda (P. a. II. 13, 14, b. I. 188), cappieddu (P. b. III. 151, 152), ciriviennu[1]) (P. a. I. 290), cutieddu (P. b. I. 82), discursieddu (P. b. III. 255), fraticllu (P. b. IV. 103, 103), martieddu (P. b. II. 207), munachieddu („monacum" + Suff.) (P. a. II 12, 12 u. s. w.), picurarieddu (P. b. II. 197, 198), puvirieddu (P. b. II. 98), tavulinieddu (P. b. II. 94, 95), ussicieddu (P. b. II. 198), vitieddu (P. b. IV. 214).

1. Zusatz. In dem sg. prs. 1. „sarvu" (P. a. I. 221), 2. „sarvi" (P. b. I. 412), 3. „sarva" (P. b. I. 12, 152, 231) ist der Vokal „a" durch Analogie aus den unbetonten Silben (z. B. Inf. „sarvari" u. s. w.) in die betonten übergegangen; ganz ebenso erklärt sich die 3 sg. prs. „'ntanta" (It. „intentat") (P. a. II. 449); ähnlich dürfte auch das Substant. „màrcatu"[2]) (P. b. III. 302, 303) zu erklären sein, indem es höchst wahrscheinlich durch eine Zwischenstufe „marcátu" (unbetontes „e" wird durch Einfluss des folgenden „r" gern zu „a") zu „màrcatu" geworden ist.

2. Zusatz. Keine Ausnahme bildet das Wort „Tarantu", da dieses bereits im Griech. „a" hatte, welches erst später von den Römern zu „e" umgewandelt wurde.

3. Zusatz. Das „i" in dem sich ganz vereinzelt findenden „timpu" (Cr. 183) dürfte wohl ein Druckfehler sein.

4. Zusatz. Eine besondere Eigenthümlichkeit zeigt die Mundart von San Cataldo: hier erscheint nämlich „ę" in geschlossener Silbe öfters als „i", wie in: „apirtu" (P. b. III. 335) und „drumminnu" (Umstellung von „r") (P. b. III. 334); daneben findet sich in diesem Dialekte „ę" in geschlossener Silbe auch diphthongirt, und zwar in demselben Texte, z. B.: bieddu, biedda (P. b. III. 334), suffiertu (P. b. III. 334),

---

[1]) Ueber den Wandel von „ll" zu „nn" (in Noto) v. Konsonantismus.

[2]) Dass dieses Wort so zu betonen ist, geht daraus hervor, dass es in dem angeführten Texte ausdrücklich mit dem Accente über der ersten Silbe versehen ist.

tiempu (P. b. III. 337). Ausserdem findet sich „i" in geschlossener Silbe auch noch zwei Mal in einem Gedichte aus Castelluzzo, nämlich in dem Gerundium „dicinnu" (P. a. II. 444, 444).

III. Betontes „ę" in sic. geschlossener Silbe

α) wird nicht umgewandelt: affettu, dispettu, effettu, jènnaru, lebbru (lt. „lęporem"), lettu (lt. „lęctum"), 'ncegnu (lt. „ingęnium") (über den Wandel von „ng" zu „nc" im Nsic. v. Konsonantismus), megghiu (Asic. „gli" wird Nsic. meistentheils zu „gghi"), mezzu (und menzu), perfettu, pettu, pezzu (und peczu: über die Schreibweise „cz" v. Konsonantenlehre), prezzu, rispettu, seggia (lt. „sędiam"), setta (lt. „sęctam"), specchiu, suspettu, Vènniri (und Vennari), vecchiu, vecchia, detti (lt. „dędit") und dettiru (P. b. II. 197), stetti und stettiro, tegnu, vegnu und vennu (3. pl. prs.),

β) diphthongirt zu „ie": liettu (P. b. III. 39, 286, 287), miegghiu (P. b. III. 257, 262), miezzu (P. b. II. 95, 95) und mienzu (P. b. I. 139), piettu (P. a. I. 208), piezzu (P. b. III. 1), priezzu (P. b. III. 314), sieggi (pl.) (P. b. III. 5), viecchiu (viècciu: Noto: P. b. II. 88, 88 u. a.), viecchia (P. b. I. 136, II. 280), dietti (P. b. II. 312) und dièttiru (P. b. I. 201), stiettiru (P. b. III. 303), tiegnu (P. a. I. 226, 240), viegnu (P. b. I. 84, 203), mierti (lt. „męritas") (P. a. II. 432), viennu (3. pl. prs., lt. „vęniunt").

Zusatz. Auch hier zeigt sich in S. Cataldo „i", z. B.: littu (lt. „lęctum": P. b. III. 334) und tignu (lt. „tęneo": P. b. III. 336).

1. Anmerkung. In einigen wenigen Fällen hat vortoniges „ę" diphthongirt, nämlich in: rieplica[2] (3. sg. prs.: P. b. II. 281), sientiennu (Gerund.: P. a. II. 88), vieniennu (Gerund.: P. b. II. 282) und vietatu (P. c. I. 13).

2. Anmerkung. Bei diesem Worte kann man indess zweifeln, ob „rieplíca" oder „riéplica" zu betonen ist.

Vulg. lt. „ẹ" (kl. lt. „ē" „ī").

I. Betontes „ẹ" in offener Silbe wird zu „i" erhöht, z. B.: acitu, Andria, candila (und cannila), ciro, complitu, crita, fidi, fidili, fimina (und fimmina), ligi (und liggi), Margarita, merci, nivi, pici, li quatragisimi (V. 374), riti, sira, sita, siti, tila, Tranchida (Umstellung von „r"), tri[1]), via, vitru, ferner in den asic. Pronom. mi (lt. „me"), ti (lt. „te"), si (lt. „se") (bezüglich der nsic. Pron. pers. v. Formenlehre) (in R. 125, 128 und V. 368 finden sich die Verbindungen „con micu" „con ticu" „cum ticu", welche ebenso wie die bekannten Verbindungen in anderen italien. Dialekten und im Spanischen zu erklären sind), ebenso in den Verbalformen: accridiri (P. b. I. 383), ciu-ríri, putiri, valiri, vídiri und vidíri, cridu (und criju: R. 134, 140, criu: A. 215, 237), divu (1. sg. prs.), divinu (3. pl. prs.), fici, tini (und tinni), vini (neben vinni), sowie in dem Impf. der im Lat. nach der 2. und 3. Conjug. gehenden Zeitwörter[2]), die gewöhnlich folgende Endungen zeigen: sg. 1. ia (iva in S. Cataldo, Caltanissetta und Casteltermini), 2. ivi, 3. ia, pl. 1. iamu, 2. iavu (und ivu), 3. ianu (hinsichtlich der anderen Endungen des Impf. v. Formenlehre) und in der 1. und 3. sg., 1. und 3. pl. des Condit. aller

---

[1]) Vereinzelt findet sich „tríu" in der Zusammensetzung „novantatríu" (Resuttano: P. a. II. 167; es soll dies eine Eigenthümlichkeit dieses Dialektes sein: wahrscheinlich hat das „s" in „tres" (ähnlich wie aus „nōs" wurde „nui" u. s. w.) ein „i" abgegeben, woraus sodann behufs Dissimilation „u" wurde).

[2]) Es liegt der Schluss sehr nahe, dass, da alle nicht unter die A-Conj. fallenden Zeitwörter, wofern sie ihr Perfect nicht stark (in welchem Falle sich alsdann meistens noch die Perfect-Endung „ivi" daneben findet) oder auf „si" bildeten, im Sic. zur lat. 4. Conj. im Perfect („ivi") übergingen, auch das Praesens und Impf. dieser Zeitwörter nach der 4. gebildet wurde. Die sic. Lautlehre kann diese Frage leider nicht lösen, da „ẹ" und „ī" im Sic. dasselbo Resultat geben.

Zeitwörter: ia, ia, iamu, ianu; zu „i" geht auch über das
„e" in dem Suff. „ētum" („ēta"), z. B.: cannitu (J. 167,
P. a. II. 89, 173, 390, P. c. IV. 40), munita (R. 120), in
den mit dem Suff. „e(n)sem" gebildeten Wörtern : Alcamisi,
burgisi, Calabrisi, Cammaratisi, Catanisi, Francisi, Genuisi,
Maltisi, marquisi, Milanisi, Missinisi, Murrialisi, paysi (B.)
und paisi, pavisi (V. 376, 377), Tirminisi, Trainisi, Tra-
panisi, Vironisi, und in ähnlichen Wörtern, in welchen das
wahrscheinlich schon ursprünglich geschl. „e" („ẹ") durch
Ausfall des folgenden „n" noch geschlossener wurde, wie
in : appisu, difisu (la diffisa), inprisa (und imprisa), intisu,
misi (B. u. a.), offisu (offisa), pisu, spisa, stisu, suspisu;
endlich findet die Erhöhung zu „i" auch gewöhnlich statt
vor folgendem „n", z. B.: carrinu (P. a. II. 382), catina,
duminica, plinu (nsic. chinu und cinu), puddicinu, racina
(P. a. II. 90), rina (lt. „arēnam": A. 280, P. b. III. 369),
Sarachinu (über die Schreibweise mit „ch" v. Konsonantismus), vina; hier ist jedoch bei einem Worte eine Ab-
weichung des Nsic. vom Asic. zu verzeichnen: während es
nämlich im Asic. regelrecht „minu" (lt. „minus") heisst,
ist im Nsic. durch Einfluss des folgenden „n" in „menu"
sowie in „almenu" und dessen Nebenformen „ammenu"
(P. b. II. 33, 145, 332, P. b. III. 207, 244, 307 u. s. w.)
und „armènu" (P. b. I. 258, 347; III. 9) die Vokalsenkung
eingetreten.

Anmerkung. Im Asic. (bis in das 15. Jahrh.) endigt die
1. pl. prs. Ind. aller zur lat. 2. Conj. zählenden Zeitwörter fast
ausnahmslos auf „imu" (nur vereinzelt findet sich „emu"); im Nsic.
hat das folgende „m" die Senkung zu „e" hervorgerufen, so dass
diese Verbalform im Nsic. gewöhnlich ausgeht auf „emu" (auch
„emmu", v. Konsonantenlehre) und in den Mundarten, in welchen
die Diphthongirung eingetreten ist, auf „iemu" (auch „iemmu").
Ebenso ist die Endung der 1. pl. fut. im Asic. „imu", im Nsic.
hingegen „emu". In ganz wenigen Gebieten findet sich jedoch heute
für die 1. pl. prs. der zu der lt. 2. (3.) Conj. gehörenden Zeitwörter
und für die 1. pl. fut. „imu", nämlich in Messina (P. a. II. 126,
127, 128), Buccheri (P. b. II. 127), Caltanissetta (P. b. III.

205, 207): daneben zeigen die genannten Mundarten auch „emu" („iemu"), und die Endung „imu" dürfte hier wohl die spätere, erst aus „emu" entwickelte sein.

1. Zusatz. Die grosse Mehrzahl der nicht zur A-Conjug. zählenden Zeitwörter bilden im Sicil. ihr Perfect auf „ivi" (worüber Näheres in der Formenlehre) und haben in der 3. sg. alsdann regelrecht „iu" (Nsic. auch „i'"); in der 3. pl. sollte man nun erwarten „iru": allein schon in den ältesten Texten findet sich „eru" und im Nsic. selbstredend sodann in den Mundarten, in welchen die Diphthongirung eingetreten, auch „ieru": es ist offenbar der Halbvokal „r", welcher hier den Ablaut (von „i" zu „e") bewirkt oder vielleicht (da sich die Endung mit „i" meines Wissens in den alten Texten überhaupt nie findet) die Erhöhung (von „e" zu „i") verhindert hat. — Im Nsic. ist für Rocca Valdina (P. b. II. 210), Caltanissetta (P. b. III. 206, 206), S. Cataldo (P. b. III. 337) und Casteltermini (P. b. II. 95) die Endung „iru" belegt, welche zweifelsohne aus dem früheren „eru" entstanden ist.

Durch Einfluss des „r" erklären sich ferner: veru (lt. „vērum") (daveru), sinceru, sowie auch sg. und 3. pl. prs. von „spirari": speru, speri, spera, speranu; daneben finden sich im Nsic. sodann auch die diphthongirten Formen: vieru, viera (P. b. III. 2, IV. 76), davieru (P. b. III. 289), spieru (P. b. I. 33, 33, 394).

In Wörtern, wie „haredi" und „sigretu" („siretu": A. 182) dürfte vielleicht sogar vorausgehendes „r" seinen Einfluss geltend gemacht haben.

2. Zusatz. Bekanntlich vermag auch „n" im Roman. den Ablaut zu bewirken. Dies ist im Sic. geschehen bei den Wörtern: lena (Ri. 283, P. a. I. 321, 322, II. 309), Maddalena (P. c. III. 90), sirenu (P. b. II. 347 u. a.), vinenu (nsic. vilenu), und ein Wort endlich zeigt ein Schwanken zwischen „e" und „i": es ist dieses das lt. „terrēnum", welches gewöhnlich zwar lautet „tirrenu", jedoch „tirrinu" in Modica und Ragusa (P. c. IV. 111, II. 442) und „li tirrina" in Noto (P. b. I. 298).

3. Zusatz. Bezüglich des lt. „vēlum" hat es den Anschein, als ob der Sicilianer im Begriffe stehe, sich Scheide-

22

formen zu bilden, um „velu" = „Schleier" und „vila" =
„Segel" zu nehmen.

Das regelrecht entwickelte „rigi" (lt. „rēgem") findet
sich nur in einem einzigen Texte (Pr. 3), während dieses Wort
sonst „re" (auch „reni") und in Casteltermini sogar „rïè" (P.
c. IV. 250) lautet.

4. Zusatz. „midesimu" („miresimu") findet seine Erklärung durch das ursprünglich vorhandene „p" sowie durch
das nachtonige „i"; eine weitere Ausnahme bildet „cuetu" (auch
„cujetu": sowohl Adi. (lt. „quiētum") als 1. sg. prs. Ind.: S.
102, P. a. II. 466, P. b. III. 59, 191): die Aussprache von
„ui" wird dem Sicilianer wohl zu unangenehm gewesen sein.

5. Zusatz. Gelehrte Wörter sind: cullega, debitu,
Micheli, pianeta (und praneta), prufeta, pueta, und vielleicht
auch catela (lt. „cautēlam").

6. Zusatz. Besonders muss endlich noch der Dialekt
von S. Cataldo erwähnt werden: hier diphthongirt „ẹ" in
offener Silbe, und zwar in Wörtern, welche sonst auf der ganzen
Insel „i" zeigen, z. B.: cannieli (pl.: P. b. III. 334), viedi (lt.
„vīdet": P. b. III. 334, 334).

Anmerkung. Die Wörter „'nscmi" und „assiomi" gehen
nicht auf lat. „ï" („ę"), sondern auf lat. „ę" zurück und sind also
ganz regelrechte Bildungen.

II. Betontes „ẹ" in lat. geschlossener Silbe
wird „i": Contissa, Duchissa, faidda (lt. „favillam"), isca
(lt. „ēscam": Ri. 461, 553, P. c. I. 162, IV. 297), 'ntinna
(span. „anténa": P. a. I. 246), silva (und sirva, mit Wandel
von „l" zu „r": Palermo: P. a. II. 291), stilla, virga,
ferner in den Pron. demonstr.: quistu (kistu und chistu),
quillu (killu, chillu und chiddu) und in stissu, sodann in
Verbalformen, sofern dieselben im Lat. „ẹ" hatten, wie:
crisciri (P. b. II. 377), crisci (lt. „crēscit": S. 71, P. a.
II. 455), criscinu (lt. „crēscunt": P. b. I. 142), prindiri,
prinda (lt. „prendat": C. 73), scindiri (Ri. 610) und scin-
niri (P. b. I. 371), scinnu (1. sg. prs.: P. b. I. 240), scinni
(3. sg. prs.: P. b. I. 16), vinniri (P. b. I. 253, III. 24),

vinnu (lt. „vēndo": P. b. II. 289, III. 24, 356), endlich in den im Sic. sehr zahlreichen Inchoativen auf „ēscere", deren Inf. ausgeht auf „isciri" und Ind. prs. sg. 1. isciu, 2. und 3. isci, pl. 3. iscinu.

1. Zusatz. In einer Anzahl von Fällen hat „r" den Umlaut hervorgerufen. So erklären sich:

a) prs. sg. 1. cercu, 2. cerchi, 3. cerca, pl. 3. cercanu; in Geraci-Siculo und Casteltermini finden sich sogar die diphthongirten Formen: ciercu und cierchi (P. b. II. 314, III. 84, 84),

b) das Adi. „fermu" „ferma" (die Formen mit „i", die auch vorkommen, sind direkt aus dem Lat. entlehnt) und die Verbalformen : prs. sg. 1. fermu (P. a. II. 252), 2. fermi (P. b. II. 389), 3. ferma (P. b. III. 201 u. s. w.) sowie das Compos. affermu (S. 69),

c) „la Vergini" (die mit „i" vorkommende Form dürfte wohl latinisirende Schreibweise sein),

d) „resca" (lt. „aristam": Noto: P. b. II. 99): hier wird der Wandel zu „e" dem vorausgehenden „r" zuzuschreiben sein.

2. Zusatz. Vorausgehendes „m" scheint den Umlaut bewirkt zu haben in: mettiri (lt. „mittĕre"), prs. sg. 1. mettu, 2. und 3. metti, pl. 3. mettinu, metta (lt. „mittat": Ri. 576), und in den Compos. dieses Zeitwortes: prumettiri (P. b. IV. 204), prumettu (S. 69, 86), pirmettinu (P. b. II. 269), rimetta (lt. „remittat": Fa. 119) (die mit „i" sich findenden Formen dürften auch hier wohl aus dem Lat. herübergenommen sein); in Capaci ist bei diesem Zeitworte auch noch Diphthongirung eingetreten, z. B.: mietti (lt. „mittit": P. b. III. 2), mièttinu (lt. „mittunt": P. b. II. 276).

Anmerkung. Ueber die Formen mit eingeschobenem „n" („mentu" „mintu" u. s. w.) v. Konsonantenlehre.

3. Zusatz. Verschiedene Elemente können zusammengewirkt haben zur Hervorbringung des Umlautes in: empiu (neben impiu) („m" und nachtoniges im Hiatus stehendes „i"), lu mècciu (span. „mecha") (P. b. I. 407) („m" und nachton. im Hiat. stehendes „i"), la vència (lt. „víndiciam") („v" „n" und nachton. im Hiat. stehendes „i").

4. **Zusatz.** Nach vorausgehendem „l" findet sich „e"
in: balestri (pl., lt. „ballistam": V. 376, 377); endlich hat der
Wandel von betontem „ẹ" zu „u" vielleicht stattgefunden in:
Filuppu (P. b. II. 123, 123), welches letztere Wort jedoch gar
keine Schwierigkeit macht, wenn man griech.[1]) Accent ansetzt;
nimmt man jedoch keinen griech. Accent an, so bleibt noch
eine zweifache Erklärung übrig, indem man entweder Einfluss
der Labialis auf den betonten Vokal oder aber irrige Schreibung
für „Fulippu" (P. a. II. 139) ansetzt.

Anmerkung. Schwer zu erklärende Ausnahmen sind: cun-
sionsu (span. „consénso": Cerda: P. b. III. 255, 256, 263), succiessu
(span. „sucéso": Cerda: P. b. III. 257, 261) und succiessi (lt.
„succēssit": Capaci: P. b. II. 277).

III. Betontes „ẹ" in sic. geschlossener Silbe
wird ebenfalls „i", z. B.: camilli (pl., lt. „camēlum":
C. 37), cunsiglu, crittu (lt. „crēditum": R. 121), gigghiu
(lt. „cīlium": P. a. II. 327, 439), San Binidittu (P. b. IV.
150), malidittu, rittu (lt. „rēctum": P. b. II. 285, 287, 288),
dirittu und drittu (P. b. III. 365), strittu, custrittu (P. b.
II. 144, 336), vinditta, ferner in den mit dem Suff. „ītia"
zusammengesetzten Wörtern: alligrizza, autizza, billizza,
blanchizza, firmizza (R. 126), furtizza, grandizza, ricchizzi,
sirvizzu (P. a. II. 427), tristizza (neben „zz" findet man
auch „z" und „cz" geschrieben, v. Konsonantenlehre) und
in dem Suff. „iculum": cunigghiu (P. b. II. 6, 7, III. 111),
oricchia (vlg. lt. „ōrīcŭlam"), virmigghiu (P. a. II. 469, 469).

1. **Zusatz.** Es erklären sich
a) durch vorausgehendes „r" „trenta" (vlg. lt. „trīginta"),
b) durch vorausgehendes „n" „nettu" (lt. „nītĭdum":
P. a. II. 284, 384 u. a.) und „netta" (P. b. II. 244),
c) durch vorausgehendes „m" und nachfolgendes „n" das
in dem prs. sg. und in der 3. pl. (neben „i") in der Tonsilbe
sich findende „e" bei dem Zeitworte „(ac)cuminzari".

---

[1]) Plautus brauchte „Philippus" nur mit Betonung der 1. und
Verkürzung der 2. Silbe, v. „**M a r x** : Hülfsbüchlein für die Aussprache der lat. Vokale in positionslangen Silben", p. 53.

1. **Anmerkung.** trenta und nettu, netta liessen sich vielleicht auch durch den Einfluss des ursprünglich vorhandenen nachtonigen „i" erklären.

2. **Anmerkung.** Keine Ausnahmen bilden die Wörter 'nsemmula ('nzemmula) und insembla (insembli), da sie auf älteres lat. „ŏ" („ọ") zurückgehen.

2. **Zusatz.** Das lt. „tēctum" (span. „técho") sollte im Sic. gegeben haben „tittu", welche Form sich jedoch in keinem einzigen Texte findet; dieses Wort lautet vielmehr immer „tettu" (Ri. 364, 381, S. 38, 96, P. a. I. 317, II. 164, 227, 251, P. c. II. 101 u. a.) oder sogar „tiettu" (P. a. II. 467, P. b. II. 95): die einzig mögliche Erklärung wird die sein, dass hier die Analogie von Wörtern, wie „lettu" („liettu") und „pettu" („piettu") gewirkt hat.

Unbetontes „e".

Sieht man sich einen nsic. Text an, so gewahrt man sofort, dass (mit nur wenigen Ausnahmen) in der tonlosen Silbe, mag die letztere der Tonsilbe vorausgehen oder aber derselben nachfolgen, jedes ursprüngliche „e" als „i" und jedes ursprüngliche „o" als „u" erscheint. Ein ganz anderes Aussehen haben jedoch die der älteren Zeit angehörenden Texte. In den letztern zeigt sich oft ein fortwährendes Schwanken zwischen tonlosem „e" und „i" einerseits und zwischen tonlosem „o" und „u" andererseits: ja sogar in einem und demselben Texte finden wir sehr oft dieselben Wörter bald mit „e", bald mit „i", ebenso bald mit „o", bald mit „u" geschrieben. Dieses Schwanken geht bis zum Anfange des 16. Jahrhunderts. Besonders stark ist der Wechsel zwischen „o" und „u", so dass der Schluss nahe liegt, dass die Erhöhung von unbetontem „e" zu „i" einigermassen leichter und schneller vor sich gegangen sei als die von unbetontem „o" zu „u". — Es gibt einige wenige Texte, in welchen in der unbetonten Silbe der Vokal „o" der gewöhnlichere, dagegen der Vokal „u" der bei weitem seltnere ist (v. die Texte C., Cr. und Crs.). Es fragt sich nun, wie dieses Schwanken der tonlosen Vokale zu erklären ist. Zu einer

gewissen Zeit muss offenbar auch in dem sic. Dialekte
ausserhalb der Tonsilbe reines „e" und „o" gesprochen
worden sein. Darauf trat in der unbetonten Silbe allmälig
eine Vokal-Erhöhung ein: und aus dieser letzteren Periode
sind die ältesten uns überlieferten Texte. Zu dieser Zeit
sprach man in der tonlosen Silbe an Stelle des alten „e"
ein hoch geschlossenes, stark an „i" grenzendes „e" („ẹ")
und anstatt des ursprünglichen „o" ein hoch geschlossenes,
nahe an „u" grenzendes „o" („ọ"), so dass die Verfasser
der in jene Zeit fallenden Texte nicht wussten, ob sie „e"
oder „i", „o" oder „u" schreiben sollten. — Wenn nun
auch im Sic. unbetontes „e" gewöhnlich als „i" erscheint,
so sind doch eine Anzahl von Fällen zu verzeichnen, in
welchen von dieser durchgreifenden Regel abgewichen
worden ist. — Es ist eine bekannte Erscheinung, dass
besonders „r" die Neigung hat, den vorausgehenden Vokal
in „a" zu verwandeln: diese Thatsache findet sich auch
im Sic. sowohl für die vortonige als für die nachtonige
Silbe hinsichtlich des Vokales „e" ziemlich oft bestätigt. —
Durch Einfluss von „r" wird in „a" verwandelt

1) vortoniges „e" in: Arasimu (ital. „Erasmo": P. b.
II. 254), aredi (P. b. IV. 64 u. a.), arimita (P. a. II. 462),
Arrigu, arsira (spätere Form „assira"), arruri (A. 256, 279,
P. a. II. 465), carzaratu, carzareri, scarzarari (P. b. I. 194),
Castartermini (P. b. III. 150), castartirminisi (P. b. III.
150), Sarafina (P. a. I. 194, 318, 433), Sarafini (P. b. III.
298, 298), 'sarciziu (P. a. II. 466), sarò (sarrò) und saria
(sarria) (diese beiden Formen für Fut. und Cond. des
Hülfszeitwortes „sein" finden sich schon in den ältesten
Texten neben den Formen mit „e" und „i"; heute kommen
meines Wissens auf der ganzen Insel ausnahmslos die
Formen mit „a" vor), sarvari (und cunsarvari), sarvietta
(P. b. I. 271, 272), Supraiuri (zweifelsohne durch eine
Mittelform „Supariuri": S. 58), Vennardi (P. a. II. 41),
viparedda (P. b. IV. 193, 194, 195),

2) nachtoniges „e" in: cammara (hier könnte freilich auch ursprüngliches „a" angesetzt werden), carzara (P. a. I. 351 u. a.), catàvari (P. b. I. 178), Cerbaru (S. 44, 60), còlara (P. b. IV. 226), livari (Adi. pl.: P. a. I. 192, 192), jènnaru (P. b. I. 222 u. a.), Lucìfaru (P. a. II. 296 u. a.), misaru, numaru, Tibaro (C. 61), Vennari, vìpara, vòmmara (P. c. III. 78 u. a.). Vor „l" finden wir „a" in: allibrigari (Umstellung von „r": V. 357), albirgatu (V. 367), fidalimenti (C. 56), li rralìculi (P. a. II. 178), scialaratu (in diesem Worte, welches öfters belegt ist, ist der Wandel von „e" zu „a" also vor „l" und „r" eingetreten); vor „m" ist „a" nur belegt in „mamoria" (P. a. II. 443, b. II. 287); vortoniges „e" geht vor „n" in „a" über in: allianari (hier vielleicht zur Vermeidung von „ii"), antrari (P. b. I. 40, 347), l'antrata (P. b. I. 104), manzijornu (und mazzijornu u. s. w.), sbrannenti (P. b. II. 86) und risbrannenti (P. a. II. 373, 376), tantari und tantaturi; ausserdem tritt noch „a" für unbetontes „e" auf in: Abbrè' (Abbrei: P. a. II. 366, 372 u. a.) und in der späteren Form „Arriu" (P. a. II. 461), asercitu, asìstinu (in diesen beiden letzteren Wörtern ist es der Einfluss der ursprünglichen Gutturalis), assadiari (J. 168), piatà (und piatati), piatusu (hier zur Vermeidung von „ii") und endlich noch in sapurtura (A. 247, 248).

Durch Einfluss von „m" „b" „p" oder „v" ist „u" an die Stelle von ursprünglichem vortonigen „e" getreten in: ammuntuari (P. b. II. 274), 'bbudienti (P. a. II. 353, 373) und sbudienti (P. a. II. 346), dumani, dumannu (1. sg. prs.), duviri, luvàri (It. „levare"), purmittiti (pl. Imper.: P. b. III. 99), purtusu und purtusiddu, puvureddi (pl.) (P. a. II. 52), rumaniri (C. 25, R. 124, V. 375), rumita (It. „eremitam": P. a. II. 439, 441) und rumitedda (P. a. II. 441), supellero (C. 63) und supurtura (P. b. IV. 55), und nachtonig haben wir „u" in pruvuli (It. „pulverem"), angiulu (P. a. II. 469 u. a.) und sòggiuru (P. b. II. 127, 127).

Endlich zeigen „o" für unbetontes „e" die beiden Wörter
„cinquo" (Cr. 178, 184) (später „cincu": S. 23 u. s. w.)
und „gubornaturi" (Fa. 144).

Zusatz. Wie bereits erwähnt worden ist, schwanken die
der älteren Zeit angehörenden sic. Texte in der Darstellung
des lat. „e" in unbetonter Silbe. — Hinsichtlich der drei Texte,
welche hier hauptsächlich und in erster Linie in Betracht
kommen, habe ich gefunden, dass in *C.* auf 20 Fälle mit er-
haltenem vortonigen „e" nur 4 Fälle kommen, wo vortoniges
lat. „e" seine Darstellung durch „i" gefunden, und dass in *Cr.*
unter 26 Fällen mit ursprünglichem lt. vortonigen „e" sich
nur 6 Fälle zeigen, in welchen dieses „e" zu „i" erhöht erscheint, während in *Crs.* unter 31 Beispielen mit ursprünglichem lt. vortonigen „e" nur ein einziges vorkommt, in dem
das vortonige lat. „e" seine Darstellung durch „i" gefunden.
Hingegen kommen in *J.*, resp. *R.* auf je 3 Fälle, die vortoniges
lt. „e" noch erhalten haben, 5, resp. 10 Fälle, in welchen es
bereits als „i" auftritt.

Ganz anders liegt die Sache hinsichtlich des lt. nachtonigen „e", indem nämlich in *C.*, resp. *Cr.*, resp. *Crs.* auf 1,
resp. 5, resp. 9 [1]) Fälle, in denen nachtoniges „e" erhalten ist,
58, resp. 43, resp. 21 Fälle belegt sind, in welchen die Vokal-
erhöhung zu „i" in den Texten ihre Darstellung gefunden hat.
In *J.* fand ich unter 38 Fällen nur einen einzigen, in welchem
die Erhöhung zu „i" nicht eingetreten (und dieses letztere
Wort ist noch obendrein wahrscheinlich direkt aus dem Lat.
entlehnt), während ich in *R.* unter 42 Beispielen nicht einmal
ein einziges belegt fand, in dem nachtoniges „e" erhalten geblieben wäre.

Sieht man sich die älteren Texte genauer an und zieht
man zugleich das oben gegebene Zahlenverhältniss in Betracht,
so kommt man nothwendiger Weise zu einigen immerhin nicht
unwichtigen Resultaten, die ich in Kürze in folgenden drei
Punkten zusammenfasse:

---

[1]) Von diesen 9 Wörtern dürfte jedoch das eine oder andere,
weil direkt aus dem Lat. herüber genommen, auszuscheiden sein.

1) In den ältesten Texten geht die Schreibung mit „e" und „i" für unbetontes lt. „e", besonders in der vortonigen Silbe, vollständig willkürlich durch einander;

2) die Sprache hat sich früher für die Erhöhung von nachtonigem „e" zu „i" als für den Wandel von vortonigem „e" zu „i" entschieden: diese Thatsache setzt nothwendig einen bestimmten Grund voraus, welcher darin zu liegen scheint, dass dieses nachtonige „i" (entsprechend ursprünglichem „e") fast in allen Fällen das sic. Wort schliesst;

3) das obige Zahlenverhältniss zeigt, dass die Schreibweise von *J.* und *R.* weit mehr mit der des Nsic. übereinstimmt als die der drei Denkmäler *C.*, *Cr.* und *Crs.*

Der unbetonte Vokal „ĭ".

In einigen wenigen Wörtern ist unbetontes lat. „ĭ" durch Einfluss eines folgenden „n" oder „r" in „a" verwandelt worden. Vor „n" hat dieser Wandel stattgefunden in: ancontra (3. sg. prs.: Casteltermini: P. b. IV. 159) und anùtili (Noto: A. 264, P. a. II. 84); vor „r" findet sich „a" für ursprüngliches „ĭ" in: Saragusa und Saräusa (C., V., A. 286, P. a. II. 182, 182, c. III. 168), Saragusanu und Saräusanu (A. 286, P. c. III. 144), sarvaggiu (lt. „sĭlvaticum": Palermo: P. b. I. 156, Vallelunga: P. b. I. 84, 85, 86). Ausserdem ist der Wandel von unbetontem lat. „ĭ" zu „a" belegt vor der Gruppe „mm", die auf ursprüngliches „nm" oder „nv" zurückgeht, nämlich in: ammenzu (A. 144, 156, 159, 189 u. a.) und in dem Zeitworte ammitari (lt. „invitare": A. 221, P. b. I. 106, 207, II. 393, III. 161, IV. 226) sowie auch in dem Sbst. ammitu (P. b. II. 127, IV. 227). Endlich findet sich „a" für tonloses „ĭ" in: càlaciu (= ital. „càlice": Resuttano: P. b. III. 41) und canonachi (pl.: Arch. 95). Oefter begegnet uns der Wandel von unbetontem „ĭ" zu „u": hier sind zunächst zu erwähnen die Adiect. auf „abĭlis" und „ibĭlis", welche im Sic. gern das „ĭ" der vorletzten Silbe durch Einfluss des vorausgehenden „b" in

„u" verwandeln, wie: amabuli, misirabuli, 'nvisibuli, pussibbuli, 'mpussibuli und tirribuli; ferner haben wir den Einfluss des vorausgehenden „b" in: dèbbuli (und debuli), laburintu (Ri. 333, 411, 441 u. a.) und sùbutu (A. 163, 165, 273). Durch Einwirkung von „m" ist unbetontes „ĭ" in „u" übergegangen in: simuli (P. b. I. 397), assumigbiassi (3. sg. Impf. Conj.: P. b. I. 34) und ùrtumu (lt. „ultĭmum": A. 258, 298). Vorausgehendes oder nachfolgendes „v" hat den Wandel von unbetontem „ĭ" zu „u" hervorgerufen in: nuvula (lt. „nūbĭla": Ri. 311, 434, 544, 584; Palermo: P. a. II. 334), Suvestru (= ital. „Silvestro": Chiaramonti: P. c. II. 105) (bei diesem Worte ist freilich auch eine Einwirkung des früher vorhandenen „l" nicht ausgeschlossen) und vutieddu (lt. „vĭtellum": Casteltermini: P. b. IV. 216). Endlich erscheint noch „u" für unbetontes „ĭ" in: Fulippu (P. a. II. 139), furtulizi (Sbst. pl.: C. 33), sòlutu (P. b. III. 302, 303) und àcula, in welchem letzteren Worte offenbar das „u" in dem daneben vorkommenden „aquila" den Wandel verursacht hat.

In den Endungen des Zeitwortes findet sich der Wandel von unbetontem „ĭ" zu „u":

a) durch Einfluss von „l" (des unbetonten Pron. „lu") in: misulu (3. sg. pf. + Pron.: V. 376),

b) durch Einwirkung von „v"[1]) in der 2. pl. pf. in: avistuvu (A. 165), mannàstuvu (A. 279) und nascistuvu (A. 192).

Schliesslich sind noch zu erwähnen die beiden Verbalformen: âtu und hâtu (Nebenformen für das gewöhnlichere „âti", 2. pl. prs. des Hülfszeitwortes „haben": Salaparuta und Noto).

---

[1]) Wie es scheint, ist dieser Wandel bis jetzt auf N o t o beschränkt geblieben.

Unbetontes sekundäres „i" (hervorgegangen, eine Anzahl Verbalformen ausgenommen, aus lat. „e").

Unbetontes sekundäres „i" ist durch Einfluss des folgenden „r" in „a" verwandelt in: riciarotto (= ital. „diciòtto": A. 295). Durch Einwirkung von vorausgehendem „p" haben wir „u" in: puttrîna (contr. aus „pitturina": Resuttano: P. b. III. 290, 291, 291), durch Einfluss von „m" in: musurari (A. 161, 280) und musùri (Sbst. pl.: Salaparuta: P. b. I. 305); desgleichen findet sich „u" nach vorausgehendem oder vor nachfolgendem „r" in: arruspigghiari (lt. „ad-re-ex-vigilare"), arruspunniri (lt. „adrespondere"), misuru (lt. „miserum": A. 184), survizzu und survizzeddu. Der Konsonant „l" (des unbetonten Pron. „la") hat den Wandel von unbetontem sekundären „i" zu „u" hervorgerufen in den Verbalformen: facitulu (pl. Imper. + Pron.: A. 227, 295; Palermo: P. b. II. 20), ghiuricàtulu (pl. Imper. + Pron.: A. 164, 187) (Wandel von „d" zu „r"), maritatulu (pl. Imper. + Pron.: A. 223), mictirulu (Inf. + Pron.: V. 376), tènulu (sg. Imper. + Pron.: A. 257). In einigen Fällen hat „m" in Endungen von Zeitwörtern den Wandel zu „u" bewirkt, wie in: avissumu (1. pl. Impf. Conj.: A. 238), putirumi (Inf. + Pron.: R. 115), pozzumu (1. pl. prs.: A. 240), und in einer ziemlich grossen Anzahl von Verbalformen „r", so in: avissuru (3. pl. Impf. Conj.: A. 218), fùssuru (3. pl. Impf. Conj.: A. 218, 218), currìssuru (3. pl. Impf. Conj.: A. 286), ricìssuru (3. pl. Impf. Conj.: A. 162) (zugleich Wandel von „d" zu „r"), mìsuru (3. pl. pf.: C. 55; V. 377; Cianciana: P. b. II. 135), rimasuru (3. pl. pf.: Fa. 264), vìnnuru (3. pl. pf.: Polizzi: P. b. I. 191), vìtturu (3. pl. pf.: A. 302) und spätere Form „vìttunu" (Rocca Valdina: P. b. II. 210, 210), èrutu (2. sg. Impf. Ind. des Hülfszeitwortes „sein": A. 269, 270), fòrrutu (2. sg. Impf. Conj.: A. 262). In der Endung der 2. sg. Impf. Ind.

hat „v"[1]), welches selbst alsdann fast ausnahmslos geschwunden ist, öfters den Wandel zu „u" verursacht, so in: amavutu (A. 209) und amàutu (A. 239, 256), avèutu (A. 236, 256), crirèutu (A. 239, 256), currèutu (A. 258), purtàutu (A. 239), arrispunnèutu (A. 256), sirvèutu (A. 256), truvàutu (A. 261); denselben Einfluss des „v" finden wir einige Mal in der 2. pl. Impf. Conj., nämlich in: amassuvu (A. 238), sapissuvu (A. 173) und stassuvu (A. 173). Endlich sind noch einige 2. sg. Impf. Conj., in denen unbetontes sekundäres „i" zu „u" übergegangen ist, zu merken, nämlich: arricurdassutu (A. 255), avìssutu (A. 269, 274), fùssutu (A. 262), facìssutu (A. 278) und vulìssutu (A. 256).

Transposition von „i" (sek.) und „u".

Diese hat stattgefunden in: giunicchiuni (P. a. II. 452), cunicchiuni (Casteltermini: P. a. I. 239, b. IV. 74; S. Cataldo: P. b. III. 336) und 'ngunicchiari (= ital. „inginocchiare": Resuttano: P. b. III. 40).

Vulg. lt. „i" (kl. lt. „ī").

Dieser Vokal bleibt auf der ganzen Insel, mag er in offener oder aber in lat. oder sic. geschlossener Silbe sein, „i", mit alleiniger Ausnahme des Gebietes von S. Cataldo, wo auch dieser Vokal zuweilen diphthongirt erscheint, wie in: mischienu (P. b. III. 333) und pitiettu (lt. „appetītum": P. b. III. 333, 333): daneben tritt in dieser Mundart auch „i" auf, ja sogar in demselben Texte findet sich auch „mischinu" (P. b. III. 334).

1. Anmerkung. In dem vorhin erwähnten „mischienu" dürfte sich vielleicht der Einfluss des dem betonten Vokale folgenden „n" geltend gemacht haben.

---

[1]) Dieser Wandel scheint nur in dem Gebiete von Noto vor sich gegangen zu sein.

2. Anmerkung. Von dem sicil. friddu (P. b. IV. 243, 243
u. a.), fridda (P. b. IV. 113 u. a.) kann man keinen Schluss auf die
Quantität des Vokales im vulg. Lat. ziehen, da im Sic. „e" und „i"
dasselbe Resultat geben.

3. Anmerkung. Es mag hier noch hervorgehoben werden,
dass sich S. 29 in dem Texte „Historia Nova Di L'Amanti Fidili E
Disgratiatu e lu chiantu della sua morti. Novamenti cumposta. In
Palermo per le stampe di Matteo Mayda. 1588" die Form „dia"
findet, dass also das lt. „dies" hier zur 1. Deklination übergegangen
ist; ausserdem ist diese Form noch in einem Texte aus Casteltermini (P. b. III. 802) belegt, und zwar in der Zusammensetzung
„Duminicadia", an welcher Stelle in einer beigefügten Anmerkung
gesagt ist, dass in der Mundart dieses Gebietes alle Tage der Woche
mit „dia" (Duminicadia, Lunidia, Martidia, Mercuridia, Jovidia,
Vennaridia, Sabbatudia) gebildet würden.

Unbetontes lat. „ī".

Durch Einfluss von folgendem „r" ist unbetontes lt.
„i" zu „a" geworden in: maravigghia (Palermo: P. b. I.
53, 179; Cefalù: P. a. II. 214), maraviggbiari (Palermo:
P. b. I. 385) und maravigghiusu (Palermo: P. b. I. 30,
382). Ein Wandel zu „u" hat stattgefunden in: punzelli
(pl.: P. a. I. 191), su (lt. Conj. „sī": A. 152, 165, 177 u. a.)
sowie endlich in Caltanissetta, Casteltermini, Girgenti und Cianciana durch Einwirkung von „v" in
der 1. sg. pf., welche in jenen Gebieten endigt auf „avu"
„ivu" (über die Endungen „aju" „iju", welche sich in
einigen Gebieten finden, v. Formenlehre).

Einschiebung von „i".

Der Vokal „i" findet sich im Sic. ziemlich häufig ein-
geschoben, und zwar zwischen „r" und vorausgehender
oder nachfolgender Guttur. in: àghiru (klass. lt. „acer",
spät lt. „acrus") (P. b. III. 124, c. III. 327), àghira (P.
c. I. 146), àghiri (pl.: P. c. II. 216), allèghira (Adi. sg.
fem.: P. b. IV. 236; 3. sg. prs.: P. c. II. 7), allégbiri (Adi.
pl.: P. a. I. 192), màgbiru (P. c. II. 329, III. 85, IV. 130),
màgbira (P. b. I. 312, c. II. 83, IV. 102), màghiri (pl.: P.

c. I. 238), li tìghiri (P. c. I. 131), curicari[1]) (Inf.: P. a.
II. 428), vìriga (= ital. „verga“: P. b. II. 389), zwischen
„mb“ und „r“ in „nuvèmbiru“ (Borgetto: P. b. III. 134),
zwischen „mm“ (entstanden aus „mb“) und „r“ in: Sittèm-
miru und ùmmira (beide sehr oft belegt) (daneben „Sit-
temru“ (Palermo: P. c. I. 63) und „l'ummri“ [pl.: Polizzi:
P. b. IV. 101]), 'mmirazza (Alimena: P. a. I. 288), zwischen
„p“ und „r“ in: Pirituri (P. a. II. 162, c. II. 336), sùpira
(lt. „supra“: Buccheri: P. b. II. 123), zwischen „f“ und „r“
in: 'nfirinata (sg. fem.: Resuttano: P. a. II. 453), zwischen
„v“ und „r“ (und „r“ und „v“) in: Ottùviru (Salaparuta:
P. c. I. 46, 55) und cèriva (Noto: P. b. I. 394, 394), zwischen Guttur. u. „l“ in „a la 'nghilisa“ (Bompietro: P. a.
I. 215) sowie auch in dem für Palermo, Casteltermini und
andere Gebiete belegten „Inghiliterra“, zwischen „l“ und
„v“ in „Silivestru“ (P. c. II. 105) und endlich zwischen
„s“ und „m“ in den Wörtern: Arùsimu (Cianciana: P. b.
II. 254, 254) und fantasima (Palermo: P. b. II. 177) und
in dem mit Vorsetzung des Artikel „l“ gebildeten „lasima“
(Borgetto: P. b. I. 406) (ital. „asma“).

Vulg. lt. „ǫ“ (kl. lt. „ŏ“).

I. Betontes „ǫ“ in offener Silbe

α) bleibt unverändert: appoju (= ital. „appoggio“:
P. c. IV. 146), bonu, bona, pl. boni, cori, còriu (P. b. I.
177) (pl. coria: P. a. I. 400), fora (lt. „fǫras“), (h)omu
(pl. omini), mobili (Ri. 316), modu, nobili, nora (geht gemeinroman. auf „ǫ“ zurück), novi (lt. „nǫvem“), novu,
nova, pl. novi, odiu, oj (lt. „hǫdie“), òriu (lt. „hǫrdenm“,
sic. offene Silbe), ova (pl.: P. a. I. 383 u. a), poi (lt.

---

[1]) Bei diesem Zeitworte ist die Einschiebung von „i“ gemein-
ital., vergl. ital. „coricare“.

„pǫs(t)“), populu, rosa (Ri. 450, P. b. III. 335), rota (C. 28, .
Ri. 340 u. a.), scola, sonu (Pr. 31), solitu, soru (pl. auch
„soru“), stolu (C. 19, F. 1095), tonu (Pr. 31), troja (P. a.
II. 431, b. IV. 246), voi (It. „bǫvem“), volu (span. „vuelo“:
P. a. I. 444), figlolu (figghiolu), figliola (figghiola), li linzola
(P. b. I. 34), spagnolu (Crs. 205), vistioli (pl.: P. b. II.
277: über den Wandel von „b“ zu „v“ im Anlaute v. Konso-
nantismus), gloria (und grolia: Termini: P. a. II. 202 u. a.),
mimoria, storia (und stolia [also Wandel von „r“ zu „l“]:
Castelluzzo: P. a. II. 443), vittoria, adjutoriu (aiutoriu),
Prïatoriu (It. „purgatorium“: P. b. III. 61, 61), rifittoriu
(S. 59), tirritoriu (S. 59), Apustolicu (R. 141), li dimonii
(P. b. III. 14), monacu, monaca, matrimoniu, patrimoniu,
tistimonii (pl.: S. 108), focu, jocu, locu, ferner in den
Pron. poss. „tou“ „sou“, an deren Stelle im Nsic. (seit
dem 15., resp. 16. Jahrh. — in Ri. kommen die volleren
Formen nicht ein einziges Mal mehr vor) die auch bereits
in den älteren Texten bisweilen sich findenden verkürzten
Formen „to’“ („tò“) und „so’“ („sò“) getreten sind: es ist
jedoch die Erklärung, nach welcher „tou“ „sou“ auf die
lat. Formen „tǫum“ „sǫum“ zurückgeführt werden, nicht
die einzig mögliche, sondern es ist auch denkbar, dass
sie spätere, aus „tuo“ (welches Fa. vereinzelt noch vorkommt) und „suo“ (welches sehr oft in den älteren Texten
belegt ist) entwickelte Formen sind und so durch die Mit-
telformen „tuu“ „suu“ gegangen sind (andernfalls müssten
„tuo“ „suo“ als reine Latinismen angesehen werden), desgleichen in den Inf. mit zurückgezogenem Accente: moriri
(neben „muriri“, v. Formenlehre), mòviri und nòciri sowie
in dem sg. und in der 3. pl. prs. der Zeitwörter, sofern
diese Formen betontes „ǫ“ in offener Silbe haben, wie
prs. sg. 1. moru (S. 92 u. a.), 2. und 3. mori (P. a. I. 290
u. a.), pl. 3. morinu (P. a. II. 463), appoju (1. sg.: P. b.
II. 359), doli (It. „dǫlet“: Ri. 506) und cundoli (Ri. 506),
movi (2. sg.: P. a. I. 427), noci (3. sg.: S. 34, P. a. I.

. 203), pôi (2. sg.: P. a. I. 326 u. a.) („pô'") und poti (3. sg.:
R. 119) (später „pò"), soli (3. sg.: R. 132, Ri. 506 u. a.),
sona (lt. „sǫnat"), vola (lt. „vǫlat"), vôi (2. sg.), voli (3. sg.:
C. 5, Pr. 50 u. a.) und in dem mit „si" gebildeten Perf.
dieses Zeitwortes: vosi, vosiru (3. pl.),

β) diphthongirt zu „uo", z. B.: buonu (P. b. III.
259, 263), buona (P. b. IV. 76), pl. buoni (P. b. III. 41,
288), cuóriu (P. a. I. 189), fuora (lt. „fǫras") (P. b. III.
94, IV. 76) und fuori (P. b. II. 311), Juòvidi (P. b. II. 95,
96), limuosina (P. b. IV. 278), muodu (P. b. III. 257, 264),
pl. muodi (P. b. I. 299), Muórica (zugleich Wandel von
„d" zu „r") (P. a. II. 185), Nuotu (P. a. II. 185, 186),
nuovu (P. a. I. 203), pl. nuovi (P. b. II. 275), puoi (lt.
„pǫs(t)") (P. b. III. 264), puopulu (P. b. IV. 251), pl. puo-
puli (P. b. III. 42), Ruosa (P. b. II. 280), suolitu (P. b.
III. 256, 262, 263), suoru (P. b. III. 261, 262) und pl. auch
suoru (P. b. II. 85, 86), truoja (P. b. III. 3, 4), tuonu (lt.
„tǫnum") (P. b. II. 197), uomu (P. b. IV. 226) und pl.
uomini (P. b. III. 256), uovu (P. b. 1. 298, 298), linzuolu
(P. b. III. 41, 286, 290), rusignuola (P. a. I. 428), vistiuolu
(P. b. III. 92) und pl. vistiuola (P. b. III. 2, IV. 103),
stuòria (P. b. II. 98), Prÿatuòriu (P. b. III. 3, 4), dimuoniu
(P. b. III. 12), muonacu (P. b. III. 94 u. a.), matrimuoniu
(P. b. I. 34), tistimuoni (pl.: P. b. III. 117), cuocu (= ital.
„cuoco": P. b. III. 93, 94 u. a.), fuocu (P. b. II. 100),
luocu (P. b. III. 61, 62) und dduocu (P. b. II. 277, III. 4,
IV. 103), ferner in den Inf. mit zurückgezogenem Accente:
muòriri (P. b. II. 314) und muoviri (P. b. III. 92) sowie
in dem sg. und in der 3. pl. prs. der Zeitwörter, falls dort
im Lat. „ǫ" in offener Silbe war, z. B.: suonanu (lt. „sǫnant":
P. b. II. 312), muoru (1. sg.: P. a. I. 210 u. a.), puoi (puo':
2. sg.) und può (3. sg.), vuoi (2. sg.) und vuoli (und vuò':
3. sg.) und endlich in dem Perf.: vuosi (3. sg.: P. b. III. 4).

Anmerkung. Wenn Wentrup bezüglich des Dialektes
von Noto sagt „ŏ bleibt: omu (homo), bonu, ogliu (oleum)", so

möchte es fast den Anschein gewinnen, als ob er sich Texte aus
Noto überhaupt gar nicht angesehen habe, da er andernfalls selbst
diese von ihm zum Belege der aufgestellten Regel angeführten
Wörter mit Diphthongirung hätte finden müssen. Nur das ist richtig, dass auch in Noto ganz dasselbe Schwanken gefunden wird,
welches sich in den übrigen Gebieten, in denen die Diphthongiruug
eingetreten ist, zeigt.

Zusatz. In einer kleinen Anzahl von Fällen finden wir
„u", nämlich in:

a) elemusini pl.: C. 66), während sonst in diesem Worte
immer „o" oder, wie oben angeführt, sogar „uo",

b) si gluria (3. sg. prs.: Ri. 329), einer Form, die ebenfalls ganz vereinzelt dasteht und entweder durch Analogie der
1. und 2. pl. prs. oder aber durch Einfluss des nachtonigen
im Hiatus stehenden „i" zu erklären ist,

c) stùria (P. b. I. 33, 82, 105), einem Worte, welches
ich mit „u" nur in Noto belegt gefunden habe und welches
diesem Dialekte eigenthümlich sein soll (Einfluss des nachtonigen
im Hiatus stehenden „i"),

d) pùa (lt. „pǫs(t)"), welches unzählige Mal für Casteltermini belegt ist (P. b. II. 280 u. a., III. 61, 84, 151, 302,
354, 360 u. a., IV. 6, 74, 77, 160, 214, 221 u. a.); ausserdem findet sich in Casteltermini für die 2. sg. prs. von „wollen"
die Form „vùa" (P. b. IV. 8, 240, 251): diese beiden zuletzt
angeführten Formen[1]) dürften höchst wahrscheinlich auf folgende
Weise zu erklären sein: „Das dem ursprünglichen „ǫ" unmittelbar nachfolgende „i" bewirkte den Umlaut zu „o", welches
letztere sodann im Sic. regelrecht zu „u" (v. Behandlung von
„ọ") wurde, so dass also die Formen „pùi" „vùi" entstanden:
das Volk scheint jedoch „ui" (ausgenommen in den Pron. person.
„nui" „vui") gern zu vermeiden (vergl. unter „ẹ" in offener
Silbe „cuetu" „cujetu"), wesshalb es daraus „pùa" „vùa"
machte." — Auch in S. Cataldo findet sich für die 2. sg.
prs. von „wollen" die Form „bù'" (P. b. III. 336; über den

---

[1]) Die Betonung „ùa" ist in diesen beiden Wörtern vollständig
gesichert, da die Texte den Accent über dem ersten Vokale zeigen.

Wandel von „v" zu „b" im Anlaute v. Konsonantismus), während sich hier (sogar in demselben Texte) daneben auch „vuo'" (P. b. III. 334) findet.

II. Betontes „ǫ" in lt. geschlossener Silbe

α) bleibt unangetastet: collu (und coddu), li cordi (span. sg. „cuerda": V. 376), corna (pl.: P. b. III. 361 u. a.), corpu (lt. „corpus"), corvu (sp. „cuervo": P. b. IV. 103) und pl. corvi (P. b. IV. 104), foddi (lt. „fǫllem": P. b. I. 101), fonti (sp. „fuente": P. a. I. 209), forsi (lt. „forsit"), forti, forza, fossu (P. b. I. 185) und fossa (sp. „huésa": P. b. I. 314 u. a.), grossa (sg. fem.: P. b. III. 353 u. a.), (h)ortu, longu und longa, moddu und modda (mit veränderter Endung: sp. „muélle"), morbu, morti (lt. „mǫrtem"), mortu und morta, ossu (pl. ossa), ponti (F. 1098, 1099; S. 21), porcu (V. 366), porta, portu, rocca (S. 163), sonnu, sorti (und consorti), tortu (sp. „tuérto"), voscu, sowie in den Pronom.: nostru und vostru, sodann in den Inf. mit zurückgezogenem Accente: cògghiri, dòrmiri (und ròrmiri), ebenso in dem sg. und in der 3. pl. prs., wie: prs. sg. 1. portu, 2. porti, 3. porta, pl. 3. portanu; prs. sg. 1. tornu (und ritornu), 2. torni, 3. torna, pl. 3. tornanu; scontra (3. sg.: P. b. III. 1), tocca (3. sg.), dormu (1. sg.), dormi (2. und 3. sg.), risolvi (3. sg.: P. b. III. 150) und in dem Perf. von „wollen": volsi (Fa. 264, 264),

β) wird „uo": Apuostuli (pl.: P. b. III. 60), cuoddu (P. b. III. 353, 361 u. a.), cuornu (P. b. IV. 216) und pl. cuorna (P. b. I. 366), cuorpu (P. b. IV. 6, 6 u. a.) und pl. cuorpi (P. b. I. 104), cuorvi (pl.: P. b. IV. 158), cuosti (pl., span. sg. „cuésta": P. b. III. 12, 288), fuorsi (P. b. I. 103), fuossu (P. b. I. 185, 185), gruossu (P. b. III. 151) und pl. gruossi (P. b. I. 299), 'ncuontru (P. b. II. 87), uortu (P. b. IV. 159, 159), luongu (P. a. II. 467) luonga (P. b. III. 2, 2, 2), pl. luonghi (P. a. I. 225), muorbu (P. a. II. 178, 181 u. a.), muorsu (span. „muérso": P. b. I. 103, 103), muortu (P. b.

III. 60, 302 u. a.) und pl. muorti (P. b. III. 304), puorcu (P. b. I. 145, III. 92), puortu (P. b. III. 367), suonnu (P. a. I. 191), suorti (P. b. III. 3), lu tuornu (P. a. I. 74) und lu rituornu (P. b. IV. 239), tuorti (Adi. pl.: P. a. II. 182), uorvu (lt. „ọrbum": P. b. II. 196), vuoscu (P. b. II. 196, 203, III. 12 u. a.) und pl. vuòscura (P. b. IV. 239, 239), ferner in den Pronom.: nuostru (P. b. IV. 74 u. a.) („nuostra" nicht belegt) und pl. nuostri (P. b. III. 304 u. a.), vuostru (P. a. I. 195 u. a.), vuostra (P. b. III. 289) und pl. vuostri (P. b. IV. 158), ebenso in Verbalformen, wie: cuògghiri (P. b. II. 273) und cuògniri (Noto: P. a. II. 89: über den Wandel von „gli" zu „gn" (in Noto) v. Konsonantenlehre), prs. sg. 1. puortu (P. b. III. 314, 315 u. a.), 2. puorti (P. a. I. 195 u. a.), 3. puorta (P. b. III. 3, 4, IV. 103), 'ncuontra (3. sg.: P. b. IV. 248), scuontra (3. sg.: P. b. II. 277, 277), scuontranu (3. pl.: P. b. II. 276), tuoccu (1. sg.: P. a. I. 195), tuocchi (2. sg.: P. b. IV. 240), cuognu (1. sg.: Noto: P. a. I. 211), duormu (P. b. IV. 6), duormi (P. a. II. 4), suonnu (1. sg.: P. b. I. 298), tuornu (1. sg.: P. b. II. 275), tuorni (2. sg.: P. b. IV. 214), endlich in den starken Perf., wie: vuolsi (3. sg.: Fa. 263) und muòrsiru (3. pl.: P. b. III. 5).

Anmerkung. Vereinzelt finden sich die Formen: nuostrou (lt. „nọstrum": Casteltermini: P. c. IV. 250) und nustru (lt. „nọstrum": Fa. 151).

1. Zusatz. Während das span. „fronte" (spätere und geschwächte Form aus „fruénte") das „ọ" in dem lt. „frontem" für die ital. Halbinsel vollständig sichert, findet sich nichts desto weniger in keinem einzigen sic. Texte „fronti" oder „fruonti", sondern immer „frunti": hier haben wir es zweifelsohne mit dem Einflusse des „n" zu thun; dieselbe Einwirkung ist anzunehmen bei dem sich einige Mal findenden „lungo" (und „lungu") (C. 58; Palermo: P. b. I. 413 und Caltanissetta: P. b. III. 206).

2. Zusatz. Ganz vereinzelt findet sich „vulciro" (3. pl. pf. von „wollen": V. 376) (vielleicht Einfluss von „v" und „l").

3. **Zusatz.** Keine Ausnahme bildet das prs. sg. 1.
„curcu" (lt. „colloco": A. 286 u. a.), 2. „curchi" (A. 294),
3. „curca" (A. 294), da die roman. Sprachen bei diesem Worte
nicht auf „ǫ" (des kl. Lat.), sondern auf „o̦" zurückgehen, vergl.
altfrz. „co̦lchier".

4. **Zusatz.** „n" verwandelt bekanntlich gern vorausge -
hendes „ǫ" in „a" (vergl. altfrz. „dan(t)" für „don"), und so
erklären sich die sic. Sbst. „nannu" (= ital. „nonno") und
„nanna" (= ital. „nonna"); neben diesen gewöhnlicheren Formen
finden sich auch „nunnu" „nunna", welche letzteren sich jedoch
nur zeigen in Vallelunga und Polizzi (P. b. II. 204, 205,
206, 207 u. a., III. 224): auch in diesen Formen mit „u" hat
sich der Einfluss des „n" geltend gemacht.

5. **Zusatz.** Keine Schwierigkeit macht die Form „vassa"
(= ital. „vossignoría"), welche in Texten aus Vallelunga,
Montevago und Cianciana belegt ist, indem der Gang der
Entwickelung hier offenbar der gewesen ist, dass das sic. „vos-
signuría" zunächst zusammengezogen wurde zu „vossia", alsdann das unbetonte „o" zu „a" überging, also „vassia", bis es
endlich mit Zurückwerfung des Accentes und nach Abfall des
„i" aulangte bei der Form „vassa". Dass diese Erklärung
richtig ist, wird dadurch erwiesen, dass die beiden Mittel- und
Durchgangs-Formen „vossia" (Castelterm.: P. b. I. 142, 143,
Salap.: P. b. I. 244) und „vassia" (Salap.: P. b. I. 309, Vallelunga: P. b. II. 202, 203, Cianciana: P. b. II. 252, 253 u. a.)
ebenfalls belegt sind.

6. **Zusatz.** Endlich muss auch an dieser Stelle wieder
besondere Erwähnung finden der Dialekt von S. Cataldo,
welcher „ǫ" in lt. geschlossener Silbe zu „u" werden lässt in
Wörtern, die in allen andern Gebieten „ǫ", resp. „uo" zeigen,
nämlich in „cuddu" (P. b. III. 336) und „murtu" (P. b. III.
335, 337), eine Erscheinung, welche um so mehr befremden
muss, wenn man in demselben Texte auch die diphthongirte Form
„muortu" (P. b. III. 333, 333) findet.

III. Betontes „ǫ" in sic. geschlossener Silbe

α) bleibt „ǫ": appoggiu (P. a. I. 274), bisognu, coffa,
colpu (daneben corpu), conti, cottu (lt. „coctum"), fem.

cotta, pl. cotti, donna (und ronna), (d)doppu, foggbia (P. b. IV. 190 u. a.), notti, occhiu, oglu (ogghiu, lt. „olcum"), ottu (lt. „ǫcto"), ralòggiu (lt. „horolǫgium": P. b. III. 333), soggiru (lt. „sǫcerum"), in den Verbalformen, wie: pozzu (1. sg. prs. Ind.), pozza (prs. Conj.), potti (1. und 3. sg. pf.), pòttimu (1. pl. pf.: P. b. II. 204), pottiru (3. pl. pf.) und vogliu („vogghiu", in Geraci-Siculo „vollu", v. Konsonantismus),

β) diphthongirt zu „uo": bisuognu (P. b. IV. 225, 238 u. a.), cuoffa (P. b. II. 312), cuorpu (lt. „cǫlapum") (P. b. II. 203, 313) und pl. cuorpi (P. b. III. 292), cuotta (lt. „cǫcta": P. b. III. 92), duoppu und dduoppu (P. b. III. 61, 62 u. a.), nuotti (nur für Capaci belegt: P. b. II. 273, 273; auch in der Verbindung „stanuotti": P. b. II. 273), uocchiu, pl. uòcchi (P. b. III. 290 u. a.), in Noto uocciu (P. a. I. 235 u. a.) und pl. uocci (P. a. II. 2 u. a.), uogliu (P. b. I. 187, 188 u. a.) und uogghiu (P. b. III. 2, 3 u. a), uòmminu (lt. „hǫminem") (A. 268 u. a.), uottu (lt. „ǫcto") (P. a. II. 184), ruoggiu (lt. „horolǫgium) (P. b. II. 275), scuollu (kl. lt. „scǫpulum", vlg. lt. „scǫclum") (Geraci-Siculo: P. b. II. 310), desgleichen in Verbalformen, z. B.: puozzu (P. a. I. 328, II. 394 u. a.), puozza (P. a. I. 272), puòtti (P. b. II. 307), puòttiru (P. b. IV. 8, 221), vuogliu (P. b. III. 289 u. a.) und vuogghiu (P. b. III. 257 u. a.), ausserdem in Geraci-Siculo neben „vollu" auch „vuollu" (P. b. II. 311).

Anmerkung. Ein einziges Mal findet sich für die 1. sg. prs. von „wollen" die Form „vugliu" (Caltanissetta: P. b. III. 207).

Vulg. lt. „ǫ" (kl. lt. „ō" „ŭ").

I. Betontes „ǫ" wird in offener Silbe zu „u": Araguna (Fa. 139), ciacerdutu (P. b. IV. 104), cruci (und cruchi [B. u. a.], v. Konsonantismus), cuda, curuna, cutra (lt. „culcitram", Auswerfung von „l": P. b. IV. 125, 126), dimura (nicht ganz sicher, ob „ǫ" oder „ǫ": ursprünglich

zwar „ǫ", allein nach dem Span. „o" [auch im Altfrz. ist
die gewöhnlichere Form die mit „ǫ" („demǫre"): zweifelsohne
hat bei diesem Worte „r" seinen Einfluss geltend gemacht],
womit also auch das Sic. übereinstimmt), dui (und rui), dunn,
gula, giuvini (und juvini), (h)ura, jugu (C. 28), lupi (pl.: V.
367), uiputi, nuci, ottubru, patruni, pirsuna, prua (lt. „prōram"),
prudu (R. 116, Fb. 60), pruvuli (lt. „pulverem") (Umstellung
von „l" und „r") (P. a. II. 51), pumu, Ruma, spusu und spusa,
suli (lt. „sōlem"), suln (lt. „sōlum"), Tolusa (R. 123), vuci (und
vuchi, v. Konsonantismus), vutu und in den Pronom.: nui und vui.

1. Anmerkung. Neben „Araguna" finden sich „Alagona"
und „Aragona" (F. 1090, 1092). Direkt aus dem Lat. ist entlehnt die
öfters belegte Form „Roma".

2. Anmerkung. Durch Umlaut erklären sich: avoliu (zugleich
Wandel von „r" zu „l": P. a. I. 238), groi (lt. „grūem": S. 105;
P. c. IV. 213), chiòviri (Inf.) (lt. „plu(v)ere"), chiovi (3. sg. prs., in
Noto „ciovi": P. a. II. 29, und in Capaci sogar „chiuovi": P. b.
IV. 104), chiòviuu (3. pl. prs.: P. b. II. 11) und das Sbst. chiova
(lt. „plūviam": Ri. 427), fo (3. sg. pf. von „sein": sehr oft in den
älteren Texten neben „fu": lt. „fūit"), ferner prs. sg. 1. trovu, 2.
trovi, 3. trova, pl. 3. trovanu sowie die diphthongirten Formen prs.
sg. 1. truovu (P. a. I. 245 u. a.), 2. truovi (P. b. III. 335 u. a.), 3.
truova (P. b. III. 5), pl. 3. truovanu (P. b. II. 310). — Ganz vereinzelt findet sich „truvi" (2. sg. prs.: Noto: P. b. I. 301): wahrscheinlich ist diese Form durch Angleichung an die 1. und 2. pl.
prs. zu erklären.

3. Anmerkung. „r" hat den Umlaut bewirkt in „foru"
(3. pl. pf. von „sein"), einer Form, welche heute in den Gebieten,
in denen die Diphthongirung überhaupt eingetreten ist, sehr oft
lautet „fuòru"; nicht unwahrscheinlich ist auch auf den Einfluss des
folgenden „r" zurückzuführen „mora" (Sbst., span. „móra": S. 28,
P. a. I. 226), und endlich haben wir es zweifelsohne mit der Einwirkung des „r" zu thun in dem Prou. „loru" (lt. „illōrum"): es
dürfte jedoch bemerkenswerth sein, dass unter der sehr grossen
Anzahl von Texten ein einziger vorhanden ist, welcher die Form
„luru" (neben „loru") zeigt: es ist der Text „Il Libro De' Vizi E
Delle Virtu' In Volgare Siciliano Del Secolo XIV. (v. Fa. 109, 111,
113)": hierdurch werden wir zu dem Schlusse berechtigt, dass ursprünglich die regelrecht entwickelte Form „luru" die gemein-sic.
war und erst später „r" die Vokalsenkung zu „o" hervorgerufen hat.

4. Anmerkung. Ausnahmen sind: dota (sp. „dóte"), firoci

(S. 44), nomu (in Castolbuono sogar „nuomu“: P. a. I. 195) und
tonica (S. 52).

6. Anmerkung. Für S. Cataldo sind die diphtbongirten
Formen „vuoci“ (lt. „vōcem“: P. b. III. 333) und „suoli“ (pl. von lt.
„sōlum“ „allein“: P. b. III. 334) belegt.

Ebenso ist „o“ zu „u“ erhöht in der lt. Endung
„ōnem“, welche im Sic. lautet „uni“, z. B.: baruni, cra-
vuni (Umstellung von „r“: P. a. I. 395), draguni (S. 94),
falcuni (pl.: V. 355 u. a.), Farauni (P. a. II. 454), filluni,
ginuchuni (pl.: V. 375, 376), ladruni (C. 14), lapuni (mit
vorgesetztem Artikel „l“: Bagheria: P. a. I. 440), liuni,
muntuni (= ital. „montone“: Pr. 19), Niruni, pauni (lt.
„pavōnem“: A. 301), piduni (C. 35, 37, 46 u. a.), primuni
(lt. „pulmōnes“: P. a. II. 419) und purmuni (S. 174), Salamuni (A. 300; P. a. II. 381, P. c. III. 34, 34, IV. 39),
sapuni (lt. „sapōnem“: P. b. III. 13), scaluui (P. b. I. 312),
sermuni (pl.: V. 361), Simuni, valluni (pl.: Pr. 10, 12, 28).

Die Endung „ōrem“ gab im Sic. „uri“, wie: amba-
xaturi (und imbaxaturi), amuri, anuri (neben „onuri“ und
„hunuri“) (disonuri: C. 10), asturi (sp. „azor“: V. 355),
caluri, criaturi (Pr. 2), culuri, cunfissuri (P. a. II. 461),
difinsuri (Pr. 47), duluri (und ruluri), dutturi (S. 153),
erruri, fatturi, fururi, imperaturi, lavuri (V. 360), majuri
(und mayuri), minuri, pasturi, piccaturi (P. a. II. 50),
pijuri (und piggiuri), piscaturi (P. a. I. 291, b. IV. 186)
pitturi (Ri. 426), prutitturi (S. 402), rercnturi (lt. „redem-
ptōrem“: P. a. I. 461, 463), retturi (C. 87, F. 1093), rumuri
(und rimuri), salvaturi, sapuri (P. b. III. 180), signuri,
sirvituri (P. b. I. 144), successuri, timuri, tinuri (lt. „tenōrem“:
C. 84), tradituri (trarituri und traituri), tuturi (P. a. II.
228), valuri (C. 34), viguri (Fb. 61), virduri (Pr. 10), und
schliesslich gehören hierher: paura (und pagura: v. Konsonantenlehre) und priulu [1]) (Wandel von „r“ zu „l“: Fb. 92),

---

[1]) Dieses Wort, welches auf das lt. „priōrem“ zurückgeht, gehört also zu denjenigen Wörtern, die im Sic. von der 8. zur 2.
Deklination übergegangen sind.

Anmerkung. Anstatt „priulu", welches nur an der einen, so eben angeführten Stelle belegt ist, findet sich gewöhnlich „priolu" (Fa. 131, 131, 133, Fb. 92, 92, 94), ein Wort, welches, da es nur in kirchlichem Sinne gebraucht wird, als gelehrt zu betrachten ist; ganz dasselbe gilt von „supriolu" (Fb. 94). Ebenso ist als Fremdwort auszuscheiden „frora" (Wandel von „l" zu „r": P. a. II. 190). Indem „o" in offener Silbe im Sic. zu „u" geworden ist, lautet die lt. Endung „ōsum" im Sic. „usu" (fem. „usa") (pl. „usi"), also: acitusu (P. c. IV. 111), amurusu, chiuvusu (lt. „pluviōsum": P. c. III. 13), crapiccinsu (S. 102), curiusu (P. c. I. 183), dammaggiusu (P. c. IV. 40), dannusu (P. c. IV. 40), duglnsu (und dugghiusu), dulurusu (C. 86), famusu, fruttuùsu (P. c. III. 13), furinsu, gilusu (ital. „geloso", in Noto „ghîlusu": A. 227, 232), gluriusu (und gruliusu), juyusu (ital. „giojoso"), lagrimusu, luminusu, maistusu, miraculusu (Ri. 442), numerusu, odurusu, oziusu, piatusu, pilusu, priziusu, religiusi (= „die Geistlichen": C. 55, Cr. 186), rigurusu (P. c. IV. 174), rispittusu (Ri. 515, S. 30 u. a.), scannalusu (= ital. „scandaloso": P. a. II. 447, c. IV. 70), spittaculusu, udiusu, umbrusu (Ri. 511), valurusu (und valirusu), vilinusu (lt. „vencuōsum": pl.: A. 268; sg. fem.: P. c. IV. 67), virtuusu und vitturiusu.

Die lt. Endung „iōnem" erscheint im Sic. als „uni" („iuni") in: canzuni (Fb. 55, Pr. 16 u. a.), compagnuni (V. 365), masuni (lt. „mansiōnem": Fb. 55, 60, 60), miliuni (P. b. I. 257, IV. 12, 13), mixuni (lt. „messiōnem": pl.: C. 16, 50), niguziuni (P. b. I. 369), occaxuni (R. 142), pavigluni (und pavigliuni: C. 78, 79, 82), prixuni (und prixiuni) (dieses Wort wird, wie im Altfrz., sowohl für „das Gefängniss" wie für „der Gefangene" gebraucht), raxuni (raxiuni, rasuni und ra(g)giuni, v. Konsonantismus), spiuni (R. 143), staxiuni (und staciuni, lt. „statiōnem"), uuiuni (C. 81).

Allein in der Mehrzahl der ursprünglich auf „iōnem" ausgehenden Wörter findet sich nicht „uni" („iuni"), sondern „ioni": da nun wohl die meisten dieser Wörter der Kirchensprache angehören, so liegt es nahe, sie als gelehrte Bildungen zu betrachten. Dieser lotzteren Ansicht kann ich mich jedoch nicht zuneigen, sondern muss mich dahin aussprechen, dass auch hier ursprünglich „iuni" gewesen ist, welches aber im Laufe der Zeit durch Einfluss des folgenden „n" durch Umlaut zu „ioni" gesunken ist: diese Ansicht stütze ich

1) auf einen in Fb., p. 91—110 abgedruckten Text,
2) auf eine Erscheinung in Pr.

ad 1): in dem Texte „Li Constitucioni Di Lu Abbati Et Di Li Monnchi Di Sancta Maria Di Lichodia Et Di Sanctu Nicola Di La Rina" (Fb., p. 91—110), welcher den Jahren 1360—1375 angehört, finden sich: ammuniciuni (101), annunciaciuni (100), ascensiuni (100), collaoiuni (104), comuniuni (98), confessiuni (91), congregaciuni (105), constituciuni (91), declaraciuni (91), divociuni (99), excomunicaciuni (96), illusiuni (100), liciuni und licciuni (94, 101), murmuraciuni (92), possessiuni (103), professiuni (91), religiuni (94) und riprinsiuni (98, 106): soweit diese angeführten Wörter überhaupt in dem Vocabolario von Traina Aufnahme gefunden haben, zeigen sie dort ausnahmslos „ioni";

ad 2): in Pr. findet sich verschiedene Mal die Endung „ioni" im Reime mit „uni" (27, 28), eine Thatsache, aus welcher nothwendiger Weise zu schliessen ist, dass vom Verfasser nicht „ioni", sondern „iuni" gesprochen wurde.

Zu „u" ist selbstredend auch „o" in betonter offener Silbe beim Zeitworte geworden, z. B.: aduru (lt. „adōro": Ri. 265, P. a. I. 326, II. 461), duni (lt. „dōnas": S. 86, 86), duna und runa (lt. „dōnat": Ri. 447, S. 91, P. a. II. 142) und perduna (R. 127 u. a.), dunanu („dōnant": S. 45), respusi (3. sg. pf.: F. 1097 u. a.).

II. Betontes „o" in lt. geschlossener Silbe wird ebenfalls zu „u", also: bucca (V. 363, 377), cursu (und succursu), curti (sp. „córte": R. 115), curtu, fem. curta (P. c. II. 102, 129, b. III. 143, 281 u. a.), dulchi (V. 358, 371), frundi (lt. „frōndem": S. 73, Ri. 264), fundu (C. 82, Pr. 34), furma (P. a. II. 98) und pl. furmi (S. 84, P. a. I. 215, b. III. 318), furnu (P. b. II. 280, III. 81, 82 u. a.), multu, mundu, munti (lt. „montem"), plumbu (R. 121), puppa (sp. „pópa": A. 265), russu (sp. „róso": S. 37) und Barbarussa (Cr. 176, Crs. 207, 207), surdu (lt. „surdum"), triunfu, turri (sp. „tórre": Cr. 174 u. a.), tussi (Ri. 334),

tuttu, unzi (pl., sp. „onza“: P. b. II. 264 u. a.), vulpi (Ri.
489), ebenso beim Zeitworte, z. B.: custa (lt. „co(n)stat“:
P. b. III. 152), mustru (lt. „mo(n)stro“: Ri. 571), mustri
(lt. „mo(n)stras“: R. 123), mustra (lt. „mo(n)strat“: S. 94,
Fa. 263) und dimustra (Fa. 263), conusciu und gewöhnlicher canusciu (lt. „cognōsco“: P. b. II. 173, Ri. 394, 406),
canusci (lt. „cognōscis“ und „cognōscit“: Ri. 388 u. a.),
canùscinu (lt. „cognōscunt“: P. b. III. 157), respundo (1. sg.
prs.: C. 14), rispundi (3. sg. prs.: Ri. 513, 516) und ri-
spunni (sg. Imper.: P. a. I. 420).

1. Zusatz. Vokalsenkung hat stattgefunden in: nozzi [1])
und virgogna (auch öfters vrigogna und sogar vriogna: P. c.
I. 288, 335, II. 61 u. a.).

2. Zusatz. „r“ hat den Umlaut bewirkt in: jornu (zuweilen giornu), pl. jorni neben dem gewöhnlicheren jorna, sowie
in der Zusammensetzung menzijornu (daneben mazzijornu: P.
b. III. 103 und mazzujornu: P. b. II. 253, 255) und in agghi-
orna (3. sg. prs.: P. b. II. 244); im Nsic. ist sodann dieses
„o“ gerade so behandelt wie „o“ aus lt. „ǫ“ und somit Diphthongirung eingetreten, so dass für Capaci, Geraci-Siculo,
Resuttano, Casteltermini, Cerda, Buccheri und Noto
sehr oft sg. juornu, pl. juorna (auch juorni) belegt sind; desgleichen findet sich die Zusammensetzung menzujuornu (P. a.
II. 8, 8). — Falls in lt. „ordinem“ „o“ anzusetzen ist (was
noch nicht ausgemacht), ist in dem sic. „ordini“ (P. b. I. 347)
ebenfalls durch „r“ bewirkter Umlaut anzunehmen. — Das
neben „furma“ oft belegte „forma“ ist direkt aus dem Lat. herüber genommen.

Anmerkung. Ein einziges Mal ist das regelrecht aus dem
lt. „diurnum“ entwickelte „jurno“ (C. 52) belegt.

3. Zusatz. Durch folgendes „n“ ist die Vokalsenkung
eingetreten in „culonna“ (lt. „columnam“: Ri. 589, P. a. I. 259,

---

[1]) Bezüglich dieses Wortes ist zu bemerken, dass hier die
Vokalsenkung gemeinroman. ist.

II. 170, 371, b. II. 359), und vorausgehendes „m" scheint seinen Einfluss ausgeübt zu haben in dem Sbst. „mostru" (lt. „mō(n)strum": P. a. II. 292, b. I. 350, 351 u. a.), welches nur mit „o"[1]) vorkommt, während das prs. sg. des lt. „monstrare" im Sic. regelrecht „u" zeigt.

4. **Zusatz.** Auf ein „rindo" „rindinem" ist zurückzuführen das sic. „rinnina" (ital. „ròndina") (P. a. I. 422, c. IV. 191).

5. **Zusatz.** In S. Cataldo ist Diphthongirung eingetreten in dem Sbst. „uonzi" (ital. „oncia") (pl.: P. b. III. 336).

III. Betontes „ọ" in sic. geschlossener Silbe wird „u" in: puzzu (span. „pózo") (P. b. II. 139, IV. 122 u. a.) und pl. puzzi (Ri. 265), dugno, dugnu und rugnu (1. sg. prs.: B., P. a. II. 220, 235, 58), sugnu (1. sg. prs. von „sein").

1. **Zusatz.** Vokalsenkung ist eingetreten in: chioggia (lt. „plŭviam": Ri. 289), mogghi (ganz gewöhnliche Nebenform von „muglieri" „mugghieri") und in dem lt. Suffixe „ŭculum" („ŭcula"), welches im Sic. mit „o" erscheint, also: cunocchia (P. c. II. 100, 120 u. a.; in Noto cunoccia: P. b. I. 104), finocchiu (P. c. I. 170, II. 433 u. a.; in Noto finocciu: A. 280), ginocchiu (auch jinocchiu und dinocchiu, v. Konsonantenlehre) und pl. ginocchia (und dinocchia) (auch pl. ginochi: V. 370), pidocchiu (P. b. II. 293, c. I. 156 u. a.) und in den Verbal-formen: m'addinocchiu (1. sg. prs.: P. a. I. 448), s'addinòcchi-anu (3. pl. prs.: P. b. III. 36) und 'nginòcchiati (sg. Imper.: P. a. II. 452).

Anmerkung. Nur in einem Texte aus Casteltermini findet sich dieses „ọ" = „uo" belegt in: finuocchi (pl.: P. b. IV. 215, 216).

2. **Zusatz.** „m" scheint Vokalsenkung bewirkt zu haben in dem für Caltavuturo belegten „fuommu" (1. pl. pf. von „sein": P. a. II. 188).

3. **Zusatz.** In einem Texte (aus S. Cataldo) findet

---

[1]) Dieses Sbst. zeigt auch im Ital. („mọstru") sowie im Altfrz. („mọstre") „ọ".

sich für die 1. sg. prs. Ind. des Hülfszeitwortes „sein" „suognu"
(P. b. III. 333, 333), während in demselben Texte auch „sugnu"
belegt ist.

Der unbetonte Vokal „o".

Wie oben (v. „unbetontes „e"") ausgeführt worden,
erscheint im Sic. „o" ausserhalb der Tonsilbe (die ältesten
Texte ausgenommen) fast immer als „u". Nur eine verhältnissmässig kleine Anzahl von Fällen ist zu verzeichnen,
wo es zu „a" geworden ist. Es findet sich „a" anstatt
des lt. „o" vor „l" in: alivi (pl.: P. a. II. 7), ralogiu und
ralòggiu (P. a. I. 229, b. I. 245, c. IV. 217 u. a.), in Noto
ralogghiu (A. 206) und vor sekundärem „l" in: Christofalu
(J. 166), vor „r" in: scarisci (3. sg. prs. von „scopriri"
„scropiri": P. a. I. 242) und vor sekund. „r" in: aruri (lt.
„odorem": A. 161, 167, 170, 172 u. a.), vor „m" in: camòra
(= „com'ora": P. b. I. 146, 147 u. a.) und Salamuni (A.
300 n. a.) und vor „n" in: anuri (lt. „honorem": P. a. II.
395, b. II. 187, A. 194, 208 u. a.), disanurata (sg. fem. :
P. b. II. 377), anistà (lt. „honestatem": A. 135), anesta
(sg. fem.: A. 267), ricanuscenza (P. b. IV. 234, 235), canu-
sciri (und canuxiri, lt. „cognōscere"), canuscïu (3. sg. pf.:
P. a. II. 194), canuscieru (3. pl. pf.: P. b. II. 86), canu-
sciutu (P. a. I. 336, II. 406) u. s. w. Ausserdem ist der
Wandel von unbetontem „o" zu „a" vor der Gutt. eingetreten in: agghialòru (P. b. III. 79), aguannu (lt. „hoc
anno": P. a. I. 310, b. I. 406, III. 135, 289, 389), accasioni
(R. 129), 'Stròlacu (lt. „astrōlōgum": P. b. II. 46, 46);
ferner hat der Wandel zu „a" stattgefunden in: abbidienza
(P. b. II. 289, III. 230) und abbirienza (A. 237), abbirïent
(lt. „obedientem": A. 315, P. a. II. 178), abbedisci (3. sg.
prs: P. b. IV. 225), aguanu (P. a. II. 453), philosafu (Fb.
60, 61 u. a.) und vassia (v. oben).

Eine Präpositionsverwechselung (von „ob" und „ad")
wird vorliegen in: affenniri (lt. „offendère": P. a. II. 459),
affenni (lt. „offendit": P. a. II. 344, b. I. 87), affïsu (lt.

„offe(n)sum": A. 261, 276, P. a. II. 164, 464, b. I. 83),
affisa (lt. „offe(n)sam": A. 264), affrutu (part. pf. pass. von
lt. „offero": P. a. II. 376), assèquii (P. b. II. 140, III. 237
u. a.) und assirvari (lt. „observare": P. b. I. 40).

Zusatz. Ich habe bereits oben, wo ich über unbetontes
lt. „e" gehandelt habe, die Vermuthung ausgesprochen, dass
der Wandel von unbetontem lt. „e" zu „i" wahrscheinlich
leichter und schneller vor sich gegangen sei als der Uebergang
von unbetontem lt. „o" zu „u". Diese Annahme wurde an
besagter Stelle damit begründet, dass das Schwanken zwischen
„o" und „u" (für lt. unbetontes „o") in den älteren Texten
ein grösseres sei als das zwischen „e" und „i" (für lt. unbetontes „e"). Es finden sich nämlich in C., resp. Crs., resp.
Cr. einerseits unter 15, resp. 24, resp. 24 Fällen, in welchen
das lat. Grundwort vortoniges „o" zeigt, nur 1, resp. 1, resp.
4 Fälle, wo der Wandel von „o" zu „u" in der Schreibung
ausgedrückt ist, und andererseits unter 76, resp. 50, resp. 84
Fällen, in denen das Grundwort nachtoniges „o" hat, nur 17,
resp. 11, resp. 10 Wörter, in welchen die Verfasser lt. nachtoniges „o" durch „u" ersetzt haben. — J. und R. stehen hinsichtlich des lat. unbetonten „o" bereits fast vollständig auf
der Stufe des Nsic., indem von je 13 Fällen nur je ein einziges
Wort noch vortoniges „o" zeigt, während unter 64, resp. 95
Fällen nicht einmal ein einziger Fall belegt ist, in welchem
der Uebertritt von unbetontem, der Tonsilbe folgendem „o" zu
„u" nicht bereits eingetreten wäre.

Der unbetonte Vokal „ŭ".

In einigen wenigen Fällen ist unbetontes „ŭ" zu „a"
geworden, nämlich vor „l" in: arricalari (lt. „ad-regŭlare")
(Inf.: P. a. II. 186), vor „r" in: sulfaru (P. c. IV. 324) und
sùrfaru (P. a. II. 94, 465, b. I. 12, II. 15), vor „m" in:
succamīu (3. sg. pf. von lt. „succumbĕre": P. a. II. 174)
und endlich vor „n" in: vulanteri (P. b. I. 145).

Unbetontes „ŭ" erscheint als „i" in: Brindisi (Cr. 173),
mini (R. 119), vulinteri (Ri. 579, S. 56 u. a.) und Vispicu

(mit Umstellung der beiden nachtonigen Silben) (P. a. II. 233, 234).

Verdumpfung von unbetontem „ŭ" zu „o" ist eingetreten in: seportura (P. a. II. 166, b. III. 239).

Unbetontes sekundäres „u" (welches sich fast immer entwickelt hat aus lat. „o").

Unbetontes sekundäres „u" wechselt nicht selten mit „i", wie in: arbiru (P. a. II. 89, b. II. 210), chintinu (= palerm. „cuntinuu" = ital. „continuo": P. a. II. 125, 127), ditturi (P. b. II. 122, 123 u. a.), ficìli (= ital. „facìle": P. b. II. 239 u. a.), ficilari (P. b. IV. 9) und ficilàru (3. pl. pf.: P. b. IV. 8), ficilazioni (P. b. IV. 8), gnirnò („nein, mein Herr": P. b. III. 381), màrmira (A. 214), nïàutri (Erice: P. b. II. 381) und nïatri (Erice: P. b. I. 3, III. 104) (näheres über diese Pron.-Formen, die im Nsic. für „nui" (sowie „vuàtri" u. s. w. für „vui") gebraucht werden, v. Formenlehre), nin (Pr. 3 u. a.; entstanden aus „nun", lt. „non") und valirusu (S. 102).

Unbetontes sekundäres „u" ist zu „l" geworden in: alchelli (V. 371, 371), alchidiri (Pr. 7, Fa. 112) (Inf.) und alchidirai (2. sg. fut.: Fa. 112, 112) (14. Jahrh.).

Anmerkung. In S. Cataldo erscheint in ein paar Fällen vortoniges sekundäres „u" als „uo", resp. „ua", nämlich in dem Sbst. „puortuni" (P. b. III. 334, 334, 335) und in dem Inf. „puartari" (P. b. III. 335) (in demselben Texte auch „purtari"), Formen, die höchst wahrscheinlich so zu erklären sind, dass das sekund. „u" durch Einfluss des folgenden „r" wieder zu „o" verdumpfte, welches letztere sodann zu „uo" wurde: und da „r" die Neigung hat, den unmittelbar vorausgehenden Vokal in „a" zu verwandeln, so wurde endlich aus „uo" noch „ua".

Vulg. lt. „u" (kl. lt. „ū").

Dieser Vokal bleibt in der Tonsilbe sowohl in offener als in lt. oder sic. geschlossener Silbe fast ausnahmslos unangetastet, so dass es auch hier, ebenso wie früher bei

„i" (kl. lt. „ī") unnöthig erscheinen dürfte, Beispiele zum Belege anzuführen.

1. Zusatz. Eine Ausnahme von dieser allgemeinen Regel macht auch hier (ebenso wie bei „i") die Mundart von S. Cataldo, welche eigenthümlicher Weise auch „u" in offener sowohl als geschlossener Silbe diphthongirt, z. B.: cruodu (lt. „crūdum": P. b. III. 333), nuodu (lt. „nūdum": P. b. III. 333), suosu (lt. „sū(r)sum": P. b. III. 334), nuoddu (lt. „nūllum": P. b. III. 333, 334) und uortimu (lt. „ūltimum": P. b. III. 333). Daneben zeigt derselbe Text auch: susu (335, 335), nuddu (333, 334) und ultima (334).

2. Zusatz. Im Neusic. hat in Marsala, Erice, Capaci, Palermo, Ficarazzi, Termini-Imerese, Vallelunga, Etna und Messina „n" wahrscheinlich die Vokalsenkung des vorhergehenden „u" des unbestimmten Artikels bewirkt: „ôn" (msc.) und „ôn'" (fem.) (vergl. hierzu altfrz. „chascon" neben „chascun", im Osten Frankreichs sogar „alcuen" und „ancuen").

Es ist jedoch nach meinem Dafürhalten nicht unmöglich, dass dieses „ôn" vielleicht auch auf eine andere Weise zu erklären ist: „ôn" findet sich nämlich auch wiederholt für „a un" (Dat.) (v. P. a. II. 127, b. I. 360, IV. 122 u. a.), so dass die Vermuthung nahe liegt, dass das „o" in „ôn" zu erklären sei aus „au" (in „a un"), worauf man sodann später einen Schritt weiter gegangen sei und „ôn" unterschiedslos für Dat. einerseits und Nom. und Accus. andererseits gebraucht habe.

Anmerkung. Zum richtigen Verständnisse der oben (für „ôn" = „a un") zuletzt citirten Stelle (P. b. IV. 122) sei bemerkt, dass im Sic., ebenso wie im Span., der Objekts-Accus. der Person durch den Dativ ausgedrückt wird.

Unbetontes lat. „ū".

Während unbetontes lat. „ū" nur in einem einzigen Falle zu „a" geworden ist, nämlich in dem Ausrufe „Ghîesammaria!" (A. 305), sind mehrere Fälle zu verzeichnen, in welchen ein Uebertritt von unbetontem lat. „ū" zu „i" stattgefunden hat; hierher gehören: finirali (P. b. III.

118, IV. 5), jimenta, pl. jimenti (und jimienti) (lt. „jūmen-
tum") (P. b. III. 282, II. 377, 276 u. a.), primuni (lt. „pūl-
mones") (P. a. II. 419), prisintusu (S. 102; P. b. I. 258)
und risignolu (Ri. 534, 592 u. a.). Unbetontes lat. „ū" ist zu „o" verdumpft worden in:
formentu (und fromentu) (Arch. 118, 119; 354), omuri
(S. 167).

Anmerkung. Was die sowohl im Asic. wie im Nsic. neben
„rumuri" sehr oft belegte Form „rimuri" angeht, so ist letztere
nicht aus ersterer entwickelt, sondern beide sind selbständig aus vulg.
lt. „rumōrem", resp. „rimōrem" regelrecht hervorgegangen. — In
einem Texte findet sich „rimuri" geschwächt zu „remuri" (Arch.
117 u. a.).

Einschiebung von „u".

In 2 Wörtern hat vorausgehendes „g" ein „u" ent-
wickelt, nämlich in: gurànu (= ital. „grano": P. b. I. 350,
II. 3, 75, 293, IV. 256) und augumentu (= ital. „aumento":
Crs. 209); im Auslaute findet sich „u" angefügt in: accussíu
(Resuttano: P. a. II. 167).

Der Vokal „y".

Das griech. „v" wurde im Lat. bekanntlich durch „i"
oder „ŭ" dargestellt. Dem entsprechend müssen wir im
Sic. ebenfalls „i" oder „u" erwarten, womit denn auch die
hier belegten Wörter vollständig übereinstimmen, nämlich:
lira (Ri. 571), grutta (S. 151, P. b. IV. 88, C. 23 u. a.),
burza (P. a. II. 126, 127) und vurza (P. b. I. 175, 177,
230 u. a.) (über „z" v. Konsonantenlehre); vortonig haben
wir ebenfalls „u" in: vurzuni (P. a. II. 429).

Ausfall von Vokalen.

Hinsichtlich des Ausfalles von Vokalen beschränke
ich mich hier darauf, zwei Hauptregeln anzugeben, welche
im Sic. ihre Anwendung finden:

a) Im Anlaute schwindet im Sic. der Vokal gern vor folgendem „m + C." und „n + C.", z. B.: 'mmarca (3. sg. prs.: P. b. IV. 13), 'mmarcàrisi (P. b. II. 253), 'mmarcàru (P. b. II. 136), 'mmenzu (S. 129) und 'mmezzu (P. b. II. 133), 'mmitari (lt. „invitare": P. b. IV. 13), 'mmita (lt. „invitat": P. b. II. 252), 'mmitau (lt. „invitavit": P. b. II. 252), 'mpisi (pl. part.: S. 153), 'ncumenci (sg. Imper.: P. b. II. 133), 'nfernu (P. b. I. 404, 405 u. a.), 'nfirnali (S. 53), 'nfini (P. b. I. 396), 'nguenti (pl. von lt. „unguentum": Ri. 560), 'nmenzu (Ri. 605), 'ntisu (Ri. 607), 'ntra (Ri. 560, P. b. I. 291 u. a.), 'nvernu (Ri. 534, P. b. I. 408 u. a.), 'nxiammatu (lt. „inflammatum": S. 49).

b) Im Inlaute fällt der Vokal oft aus, falls ein „r" nachfolgt oder vorausgeht. Bei nachfolgendem „r" ist der Vokal geschwunden in: affrutu (P. a. II. 376), bîdri (lt. „videre": P. b. III. 286, 287), crûna (P. b. I. 147, 251, II. 202 u. a.), dêttru (lt. „dederunt": P. a. II. 325), disprâtu (P. b. III. 333), frusteri (S. 81), mîttri (Inf.: P. b. III. 335) und mêttri (Inf.: P. b. I. 87, 88), mrâculu (P. a. II. 238, 238, b. III. 41), pôvru (P. b. III. 335 u. a.), priculu (P. a. II. 234, 424, b. III. 208), priculiamu (1. pl. prs.: P. a. II. 474), priculusu (Ri. 428), saprîtu (P. b. I. 137) und saprîta (fem.: P. b. I. 187), sâtru (Adi.: P. b. I. 137 u. a.), sprânza (P. a. II. 330), spriu (= „spiriu": 3. sg. pf.: P. b. I. 134), trâu (= „tirau": P. b. II. 196), trâru (3. pl. pf.: P. b. I. 185), trânnu (Gerund.: P. b. II. 309), trâtu (part. pf. pass.: P. b. II. 309), vîdri (Inf.: P. b. I. 188, III. 336), vîttru (3. pl. pf.: P. b. III. 336); nach vorausgehendem „r" ist der Vokal ausgefallen in: larmi (pl. von lt. „lacrima": P. a. II. 196, 212), spirtu (Ri. 468, 609) und spirdu (P. a. II. 251, 353, 362, 444), spirduali (P. a. II. 446, 446).

Schliesslich möge noch erwähnt werden, dass zuweilen auch im Fut. und Cond. „i" (prim. oder sekund.), falls ihm ein „r" vorausgeht und auch ein solches nachfolgt, schwindet, wie in: murrà (3. sg. fut.: V. 356), parria (3. sg. Cond.:

Fa. 152, 153) und parrianu (3. pl. Cond.: Fa. 152); dasselbe findet sich mitunter bei vorausgehendem „v", wie:
avrà (3. sg. fut.: P. a. II. 331) und avria (1. sg. Cond.: P.
a. I. 295), duvriamu" (1. pl. Cond.: P. a. II. 252).

Anmerkung. Ueber den Ausfall von auslautendem „u" in
der 3. sg. pf. wird in der Formenlehre eingehender gehandelt werden.

Lat. „au" u. sek. „au" (in betonter Silbe).

Der lat. Diphthong „au" wird schon in den ältesten
Denkmälern fast immer durch „ǫ" dargestellt, auf welcher
Stufe das Sic. noch heute, mit Ausnahme von einigen
Gebieten, steht, z. B.: cosa und pl. cosi (C. 6., Cr. 179,
V. 355, 374, F. 1095, P. b. I. 339 u. a.), li Mori (C. 5, 64,
Crs. 205, F. 1095, S. 83), oca (Polizzi: P. b. III. 273),
oru (C. 78, Arch. 431, P. a. II. 263, b. I. 159 u. a.), pocu,
pl. pochi (P. a. II. 190), poveru (V. 356 u. a.) und poviru
(V. 356, 365, S. 45, 46 u. a.) und pôvru (P. b. III. 335
u. a.), trisoru (C. 64, 78 u. a.)[1]), ebenso beim Zeitworte,
wie in: góriri (lt. „gaudēre", mit zurückgeworfenem Accente)
(P. a. II. 310), godu (1. sg. prs.: A. 303), godi und gori
(3. sg. prs.: P. a. I. 216, II. 313), lodu (lt. „laudo": P. a.
II. 250) und loda (lt. „laudat": P. a. II. 356), posi (2. sg.
prs.: P. b. I. 8) und posanu (3. pl. prs.: P. b. I. 115).

Bis zur Diphthongirung sind fortgeschritten die
Gebiete von Capaci, Geraci-Siculo, Vallelunga,
Casteltermini, S. Cataldo und Noto, indem belegt
sind: cuosa (Capaci: P. b. III. 4, IV. 103) und pl. cuosi
(Capaci: P. b. II. 275), uora (Adv.: Capaci: P. b. II. 276,
277, III. 4, 5, 5), uoru (Capaci: P. b. II. 275, 277, 278,
IV. 103), puocu (Capaci, Geraci-Siculo, Vallelunga, Castel-

---

[1]) Im Nsic. erscheint dieses Wort bald mit eingeschobenem,
bald ohne eingeschobenes „r", v. Konsonantismus.

termini, S. Cataldo, Noto: P. b. II. 278, 309, 311; I. 134, IV. 158, III. 337; P. a. II. 181 u. a.) und pl. puochi (Noto: P. b. I. 81), puôvru (S. Cataldo: P. b. III. 333) und pl. puòviri (Capaci: P. b. III. 4).

Dass diese genannten Gebiete, in welchen wir „uo" hier finden, daneben in denselben Wörtern auch „o" zeigen, bedarf wohl kaum einer besonderen Erwähnung.

1. Z u s a t z. Lat. „au" ist erhalten in: ciàuru (in Girgenti mit Einschiebung von „v" „jhávuru": P. a. II. 421), fraudi (Ri. 574), laudi (V. 355, Ri. 574) und tàuru (P. b. I. 156, 242, 243 u. a.).

1. A n m e r k u n g. Lt. „gaudium" erscheint in den älteren Texten als „gaudiu" (C. 30; Ri.) oder „gauyu" (C. 80, V. 377, Pr. 16 u. a.), während es im Nsic. „gioja" („gioia") lautet.

2. A n m e r k u n g. In Salaparuta kommt neben „ciàuru" (P. b. I. 246) auch „ciàru" (P. b. I. 247) vor, und zwar finden sich beide Formen in einem und demselben Texte; ausserdem ist „a" für lt. „au" belegt für R e s u t t a n o und E r i c e in dem Inf. „gnádiri" (lt. „gaudere": P. a. II. 455, b. II. 382) („u" aus vorausgehendem „g" entwickelt).

2. Z u s a t z. Vereinzelt finden sich chusa (B.), ousi (Sbst. pl.: C. 69) und pùviru (Noto: P. b. I. 299, II. 98, 100, III. 338, 338).

A n m e r k u n g. Hinsichtlich der für die Mundart von C a s t e l t e r m i n i belegten Formen „pòghiru" „pòghira" v. Konsonantenlehre.

Sekundäres „au" ist in einigen Wörtern zu „â" geworden. So finden sich im Nsic. neben „àutru" „àutra" auch unzählige Mal die Formen „âtru" „âtra" belegt; ebenso kommen neben „àutu" „àuta" auch „âtu" (Resuttano: P. a. II. 365, 366, 374) „âta" (Resuttano: P. a. II. 352) und neben „scàuzi" (Adi. pl.: Casteltermini: P. b. IV. 251) auch „scazi" (Castelt.: P. b. IV. 240) vor.

Wie sich neben „àutru" „àutra" sehr oft (sogar in demselben Texte) „âtru" „âtra" finden, so zeigt das Nsic. auch neben den für die einfachen „nui" „vui" auftreten-

den „nuiàutri" „nuàutri" und „vuiàutri" „vuàutri" auch
die Formen „nuàtri" „vuàtri"[1]).
Ferner finden wir aus sekundärem „au" entwickeltes
„a" in den Verbalformen: sâtu (1. sg. prs.: Palermo: P.
b. I. 13; Borgetto: P. b. II. 5) und sâta (3. sg. prs.:
Palermo: P. b. I. 128, 354, II. 19, 78, 344): in diesen
beiden Verbalformen kann freilich auch noch die Analogie
(Inf. „satari" u. s. w.) gewirkt haben.

Anmerkung. Das Nähere über sekundäres „au" gehört in
die Konsonantenlehre, wo auch die Nebenformen „antru" „antra",
pl. „antri" und andere ähnliche Formen zu behandeln sein werden.

Unbetontes „au".

Vortoniges „au" ist erhalten in: audachi (C. 53),
audendu (C. 31 u. a.), audirimu (1. pl. fut.: Fa. 151) sowie
meistens in allen übrigen Formen dieses Zeitwortes,
Augustu (C. 87, Cr. 184 u. a.), aumentandu[2]) (V. 358),
auricchia (sg.: S. 34) und pl. aurichi (C. 45, 46) (in Noto
„aurìcci": P. b. II. 99), autunnu (Ri. 534), cautamenti
(C. 33), laudandu (C. 42) und laudau (C. 73: 3. sg. pf.).
Was die Form „aulivi" (pl.: C. 78) angeht, so ist
hier „au" nicht unmittelbar aus „o" entstanden, sondern
der Gang der Entwickelung war offenbar folgender: unbetontes „o" wurde hier vor „l" zu „a" (die Form „alivi"
ist noch im Nsic. belegt, v. unter unbetontem „o"), worauf
„l" alsdann noch ein „u" entwickelte.
In vielen Fällen hat, namentlich im Nsic., bei vortonigem „au" der erste Vokal gesiegt, so in: agustinu (Fb.
62, Resuttano: P. a. II. 459) und Austinu (Mineo: P. b.
IV. 54), agustu (R. 138, 139; S. 124; Vicari und Mistretta
P. a. I. 413, II. 432) und austu (Messina, Palermo, Tra-

---

1) In Geraci-Siculo „vugàtri" (P. b. II. 311), in Borgetto
„vujàtri" (P. a. I. 397): das Nähere hierüber v. Formenlehre bei
der Behandlung des Pron. Pers.
2) Diese Form kann jedoch auch entstanden sein aus dem
ebenfalls belegten „augumentandu".

pani und Ragusa: P. a. II. 135, 261, b. IV. 52, c. I. 29),
aguriu (Ri. 475) und Adi. aurusu (Alimena: P. a. I. 222),
aricchia (sg.: Vallelunga: P. b. I. 185, 185) und pl. aricchi
(Palermo und Borgetto: P. a. II. 410, b. I. 292), ascoltari
(Inf.: Cr. 179) und ascutati (2. pl. prs.: Termini: P. a. II.
208) sowie ascuta (sg. Imper.: Ri. 517), ascutaturi (pl.:
Palermo: P. a. II. 356), catela (Monte S. Giuliano: P. a.
II. 381) und quatèla (Marsala: P. b. IV. 228), guadiscinu
(3. pl. prs.: Palermo: P. b. I. 325) sowie guadia (3. sg.
Impf.: Palermo, Resuttano und Casteltermini: P. b. I. 326,
III. 286, IV. 251) und guadoru (3. pl. pf.: Palermo: P. b.
I. 328), ladannu (Ger.: Casteltermini: P. b. IV. 220) und
ladatu (part. pf.: Casteltermini: P. b. III. 301, 302, 303).
Vortoniges „au" ist zu „o" geworden in: lodari (Ba-
gheria: P. a. I. 306), lodarlu (Inf. + Pron.: Resuttano: P.
a. II. 451), lodamu (1. pl. prs.: Termini: P. a. II. 45),
lodatu (Termini: P. a. II. 45, 46) und loratu (zugleich
Wandel von „d" zu „r": Palermo: P. a. II. 291), oricchia
(sg.: Salaparuta und Resuttano: P. a. I. 371, II. 368) und
oricchi (pl.: Palermo: P. b. I. 338).
Endlich findet sich „u" in: guriri (lt. „gaudēre":
Palermo: P. a. II. 309, 310, 319, 320) und gudirisi (Inf. +
Pron.: Partinico: P. b. IV. 38), gudisci (3. sg. prs.: P. c.
II. 250), gudia (3. sg. Impf.: S. 28), gudíu (3. sg. pf.:
Capaci: P. b. II. 278) und guderu (3. pl. pf.: Borgetto:
P. b. II. 61, 108), ludari (P. c. II. 15, IV. 186), pusari
(Inf.: Palermo: P. b. I. 116) und ripusari (Borgetto: P. b.
II. 367), puvirtati (Ri. 336), puvirieddu (Noto: P. b. II. 98),
puvureddi (pl.: Palermo: P. a. II. 52), 'mpuvirisci (3. sg.
prs.: P. c. III. 339), udendu und udendo (Ger.: C. 16, 31,
während hier sonst immer „au"), udienza (S. 44; Borgetto:
P. b. II. 105; Palermo: P. b. II. 155, 162) und urienti
(lt. „audientes": Palermo: P. a. II. 313)[1]).

---

[1]) Es dürfte wohl höchst wahrscheinlich sein, dass sich „u"
aus unbetontem „au" durch die Mittelstufe „o" entwickelt hat.

Vortoniges sek u n d ä res „au" ist erhalten in: auceddu
(Ri. 312, 531; S. 67, 71 u. a.), aucisi (3. sg. pf.: S. 125),
ancisiru (3. pl. pf.: R. 123), autàru (Fb. 100, Ri. 378;
Modica: P. c. III. 140) und autaro (Arch. 128) sowie pl.
antari (Ri. 263), anteru (Ri. 284), antizza (Ri. 317, 383;
S. 123) und pl. jautizzi (mit Vorsetzung von „j": A. 230),
antissimi (Sup. pl.: Ri. 486), anzatu (Ri. 270), fausamenti
(Adv.: R. 142), sautàri (Inf.: Noto: P. b. I. 301), sautannu
(Ger.: S. 123, 147), sautava (3. sg. Impf.: S. 93), sautau
(3. sg. pf.: S. 95).

Es ist zu „a" geworden in: aceddu (Castelterm.,
Bagheria, Noto, Resuttano, Palermo und Capaci: P. a. I.
205, 317, 342, II. 166, 167, b. I. 149, 155, 323, III. 93
u. a.) sowie pl. aceddi (Capaci: P. b. IV. 104) und acieddu
(Resuttano, Castelterm. und Capaci: P. a. II. 13, 15, 15,
b. I. 145, III. 93, 93), pl. acieddi (Noto und Casteltermini:
P. b. I. 103, b. I. 143, IV. 158) sowie in den Ableitungen:
acciddàru (Casteltermini: P. b. I. 143), aciddazzu (Alimena:
P. a. I. 305), acidduzzu (Ficarazzelli: P. a. II. 82), aciddotti
(pl.: Vallelunga: P. b. I. 136, 138), ferner in: acisa (part.
pf. fem.: Acireale: P. b. I. 342), atari (pl.: Castrogiovanni
u. Palermo: P. a. I. 401, II. 49) und atara (pl.: Camporeale:
P. a. II. 193), quadiari („cal(i)d(um)" + „iare", Inf.:
Palermo: P. b. I. 209), quadiamu (1. pl. prs.: Palermo: P.
b. I. 209), satari (Inf.: Palermo, Vallelunga und Partinico:
P. b. I. 361, II. 203, IV. 13, 194), satava (3. sg. Impf.:
Palermo u. Caltanissetta: P. b. I. 154, 321, III. 205), satau
(Borgetto: P. b. II. 5, 6) und satò (Palermo: P. a. II. 132),
satùna (Shst. pl.: Palermo: P. b. III. 179).

Endlich erscheint vortoniges sekundäres „au" als „o"
in: oceddu (Alimena, Cefalù, Palermo und Capaci: P. a. I.
202, 333, II. 404, b. III. 93), pl. oceddi (Alimena: P. a. I.
318) und ocelli (Noto: P. a. I. 428) und in der Ableitung
ocidduzzu (Alimena: P. a. I. 316), ociriu (Palermo: P. a.
II. 216) (3. sg. pf.) und ocirutu (part. pf.: Palermo: P. a.

II. 208) (in den beiden letzteren Fällen ausserdem Wandel von „d" zu „r"), otaru (sg.: Alimena: P. a. I. 431) und otari (pl.: Palermo: P. a. II. 162), otizza (Tortorici und Palermo: P. a. I. 345, II. 407).

Lat. „ae" und „oe" (in betonter Silbe).

Alle Wörter, welche auf kl. lt. „ae" oder „oe" zurückgehen, sind im Sic. behandelt worden wie jene, welche auf vulg. lt. „ę" zurück zu führen sind. Es gibt kein einziges jener Wörter, welches wie vulg. lt. „ẹ" behandelt worden wäre; denn die paar Fälle, in welchen sich freilich dasselbe Resultat, nämlich „i", im Sic. findet, sind auf andere Weise (v. unten) zu erklären.

Die hierher gehörigen Wörter zeigen somit, mag der betonte Diphthong in offener oder aber in geschlossener Silbe sich finden: α) „e", β) „ie".

Ad α): cecu (Ri. 499, 602; S. 71; P. a. II. 168) und fem. ceca (Ri. 499), celu (P. b. II. 269, IV. 189 u. a.), pl. celi (P. a. I. 267), fariseu (Ri. 384) und pl. farisei (S. 120), Febu (S. 66), fenu (C. 33; P. b. I. 243, 244, 245 u. a.), Grecu (P. a. I. 318), pl. Greci (C. 10, 11) und Grechi (C. 8, 11 u. a.), letu (C. 77; S. 53, 72) und fem. leta (Pr. 50; P. a. I. 367, II. 431), machabeu (Pr. 24), Matheu (C. 83, F. 1090), pena (V. 356, 358 u. a.; Ri. 423; P. a. I. 297, b. II. 124 u. a.), pl. peni (Pr. 33, 40), preda (C. 9, 18; Crs. 208, Pr. 25 u. a.), pl. predi (Fa. 148), premiu (Pr. 41; P. b. II. 197, 198, 276 u. a.), Zebedeu (J. 165), conquesta (C. 5), mestu (Ri. 495, S. 51) und fem. mesta (P. a. II. 88), pèntiri (Inf.: P. b. I. 49, c. III. 365 u. a.), prestu (P. a. II. 126, b. I. 347 u. a.).

Ad β): ciecu (Noto und Resuttano: P. a. I. 239, 342, II. 457), cielu (Noto und Caltavuturo: P. a. I. 190, II. 349 u. a.), fiètu (Sbst.: Noto: P. b. II. 87, 87, 88), Griecu (Cammarata: P. b. IV. 93), lietu (Mistretta: P. a. II. 427), priestu (Resuttano und Cerda: P. a. II. 15, b. III. 39, 256, 256).

Zusatz. Die Formen: Arriu (lt. „Hebraeum": Cefalù: P. a. II. 461), Judíu (lt. „Judaeum": Resuttano und Chiaramonti: P. a. II. 368, c. I. 185) und pl. li Judia (Resuttano: P. a. II. 352, 451) machen keine Schwierigkeit, indem für dieselben ganz dieselbe Erklärung zu geben ist, welche oben (unter betontem „ǫ" in offener Silbe) auf „Diu" und „riu" ihre Anwendung fand. — Es mag hier nur noch bemerkt werden, dass sich sonst auch in den zuletzt angeführten Wörtern immer „e" findet, z. B.: Ebrei und Ebbrei (S. 120, P. a. I. 335, II. 355), Abbrè' und Abbrei (P. a. II. 366, 368, 372, 373), judeu (P. b. III. 46) und pl. judei, jurei (Pr. 29; P. a. II. 50, 360).

Die unbetonten Diphthonge „ae" „oe".

Nach den sicil. Lautgesetzen muss man anstatt der kl. lt. Diphthonge „ae" und „oe" in tonloser Silbe im Asic. „e" oder „i" und im Nsic., welches in unbetonter Silbe durchgehends nur die Vokale „a" „i" und „u" zeigt, den Vokal „i" erwarten.

Dem entsprechend finden sich auch: eguali (Fa. 267) und cilestri (mit Einschiebung von unorgan. „r", wahrscheinlich nach Analogie von „terrestri") (Palermo: P. b. II. 81).

In einigen Fällen finden wir jedoch eine Weiterentwicklung zu „a", resp „u", so in: aguali (P. a. I. 320, II. 239, b. I. 47, IV. 38, c. II. 340 u. a.), aternu (A. 160, 196, 199; P. b. IV. 170) und fem. aterna (A. 248), 'naternu (lt. „in aeternum": A. 247), uguali (Fa. 267; P. c. I. 241, III. 125, IV. 27) und ugualità (P. c. I. 99).

Lebenslauf.

Geboren wurde ich, Matthias Hüllen, am 21. Fe-
bruar 1852 zu Dieblich, Kreis Coblenz, als Sohn des Lehrers
Wilhelm Hüllen und der Maria Anna geb. Künster.
Ich gehöre der katholischen Religion an.

Im Alter von 12 Jahren, Ostern 1864, wurde ich auf-
genommen in die Sexta des Gymnasiums zu Coblenz,
welchem ich 8 Jahre als Schüler angehörte. Nachdem ich
zu Ostern 1872 das Maturitätszeugniss erhalten hatte, stu-
dierte ich während der folgenden 8 Semester in Münster
(Westfalen) und Trier Philosophie und Theologie. Am
1. April 1876 wurde ich in Trier zum katholischen
Priester geweiht.

Um meiner Neigung zum Studium der romanischen
und englischen Philologie gerecht zu werden, liess ich mich
zu Ostern 1876 an der Rheinischen Friedrich-Wilhelms-
Universität zu Bonn immatrikulieren. Hier oblag ich dem
Studium der neueren Sprachen bis Herbst 1878.

Vom 1. Oktober 1878 bis zum 30. September 1879
genügte ich in Münster (Westfalen) als Einjährig-Freiwil-
liger meiner Militärpflicht.

Um mich im Gebrauche der französischen Sprache
zu üben, war ich während des folgenden Jahres als Lehrer
an einem Collége in La Rochelle thätig.

Im Herbst 1880 liess ich mich wieder an der Universität Bonn immatrikulieren und widmete mich hierselbst

noch 6 Semester dem Studium der romanischen und englischen Philologie.

In Bonn waren meine akademischen Lehrer die Herren Professoren Andresen, Bischoff, Delius, Floss, Foerster, Meyer, Ritter, Simar, Trautmann, Wilmanns, sowie die Herren Lektoren Dr. Aymeric, Dr. Panozzo und Dr. Piumati.

Während 5 Semester war ich ordentliches Mitglied des Königlichen Seminars für romanische Philologie unter der Leitung des Herrn Prof. Dr. Foerster, und während 4 Semester nahm ich als ordentliches Mitglied des Königlichen Seminars für englische Philologie Antheil an den englischen Uebungen unter der Leitung des Herrn Prof. Dr. Trautmann.

Allen meinen Herren Lehrern, insbesondere Herrn Prof. Dr. Foerster, dem Leiter meiner Studien, weiss ich tiefgefühlten Dank.

Thesen.

1) Die Abhandlung Wentrup's „Beiträge zur Kenntniss des sicilianischen Dialectes" entspricht nicht dem heutigen Standpunkte der Wissenschaft und enthält ausserdem auch falsche Thatsachen.

2) In dem Texte „Lu Ribellamentu Di Sicilia Contra Re Carlu" ist p. 116 anstatt „parrari" zu lesen „parlari", und ferner schlage ich vor, an Stelle des (p. 357 und 360) in der „Vita Beati Conradi" sich findenden „iddu" zu lesen „illu".

3) In den sicilian. Wörtern „fimmina" „vinni" „tinni" und ähnlichen soll durch die Doppelkonsonanz die Dehnung des vorausgehenden Vokales ausgedrückt werden.

4) Die sicilian. Pluralia „fèura" „lòcura" „nnòmura" (und „cugnòmura") „pùzzura" „vinura" und „vóscura" sind analog nach „córpura" „tèmpura" und ähnlichen gebildet.

5) Die im Neu-Sicilian. für Casteltermini und Girgenti belegten Nominativ-Formen „ia" und „jia" erkläre ich als durch Analogie nach den übrigen Casus Sing. des neu-sicilian. Pron. pers. vom Volke gebildete Formen.

6) Für die Ableitung des frz. „viande" ist nicht mit Diez das Suffix „endum", sondern ein Suffix „andum" anzusetzen.

7) Das im Altfrz. sich findende „estorer" ist als ein von dem Volke durch Analogie aus „restorer" erschlossenes Verbum simplex aufzufassen.

8) Der Vokal „a" in dem neu-engl. Subst. „way" ist etymologisch nicht berechtigt.